KB238221

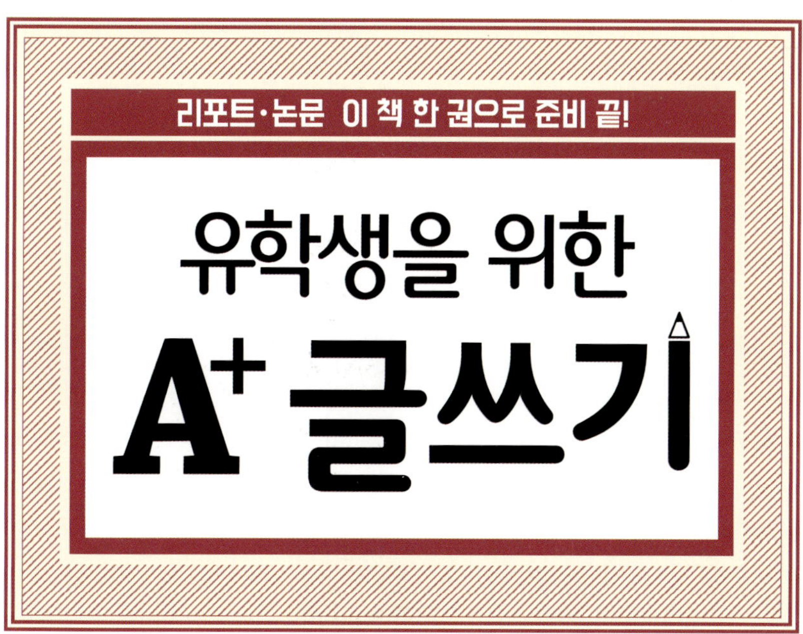

이순정, 전윤배, 정미진 저

한글파크

  이 책은 대학 진학을 목표로 하거나 대학에 진학한 외국인 학습자들의 글쓰기 실력 향상에 도움을 주고자 쓴 것이다.

  외국인 학부생을 대상으로 하는 교양 글쓰기 수업의 교수자들은 학생들이 '정의하기', '비교·대조하기', '현황 제시하기' 등과 같은 기능 표현들에 익숙하지 않다는 것을 체감하여 왔다. 그럼에도 불구하고 현실적인 제약 때문에 기능 표현을 종합적이고 일관성 있게 교수하기 어려웠다. 그 결과 학습자들은 글을 쓸 때 효과적으로 활용할 수 있는 기능 표현을 체계적으로 학습하지 못했다. 이러한 어려움을 해결하고자 하는 목적에서 이 책을 쓰게 되었다.

  이 책에서는 대학의 교양 글쓰기 수업에서 주로 사용되는 기능 표현을 익혀서 글을 읽고 쓸 수 있게 하였다. 그리고 한국어 고급 수업이나 대학의 교양 글쓰기 수업에서 다룰 만한 주제의 글을 통해 내용 지식과 기능 표현을 통합적으로 학습하도록 하였다.

  이 책은 크게 '표현 익히기'와 '읽고 쓰기' 두 부분으로 구성되어 있다. '표현 익히기'에서는 기능 표현을 집중적으로 연습할 수 있게 하였다. '읽고 쓰기'에서는 주제와 관련된 지식을 넓히는 한편으로 기능 표현을 활용하여 글을 읽고 쓸 수 있도록 하였다. 각각의 부분을 학습할 때 서로 관련된 내용을 참고할 수 있게 하였다. 기능 표현을 연습할 때 '읽고 쓰기' 부분의 글에서 예문을 확인할 수 있다. 또한 '읽고 쓰기'에서는 앞서 익힌 기능 표현이 글 안에서 어떻게 쓰이고 있는지를 확인하고 이를 활용하여 글을 재구성할 수 있게 하였다. 최종적으로 읽은 글과 관련된 주제의 새로운 글을 단계적으로 구성하고 쓸 수 있게 하였다.

  이 책을 통해서 교수자들이 보다 효과적으로 글쓰기를 교수할 수 있기를 바란다. 또한 학습자들이 글쓰기에 대한 부담과 어려움에서 벗어나 학문적 글쓰기를 체계적으로 준비해 갈 수 있기를 희망한다.

2016년 2월

저자

전체 구성	● 표현 익히기		정의하기, 예시하기 등과 같은 기능 표현을 익힌다.
	● 읽고 쓰기	설명하는 글	• 글을 읽으면서 주제에 대한 이해를 넓힌다. • 기능 표현이 글을 구성하는 데에 어떻게 쓰이는 지를 익힌다. • 주제에 대한 지식과 기능 표현을 활용하여 새로운 글을 완성한다.
		주장하는 글	
		비평하는 글	

● 표현 익히기

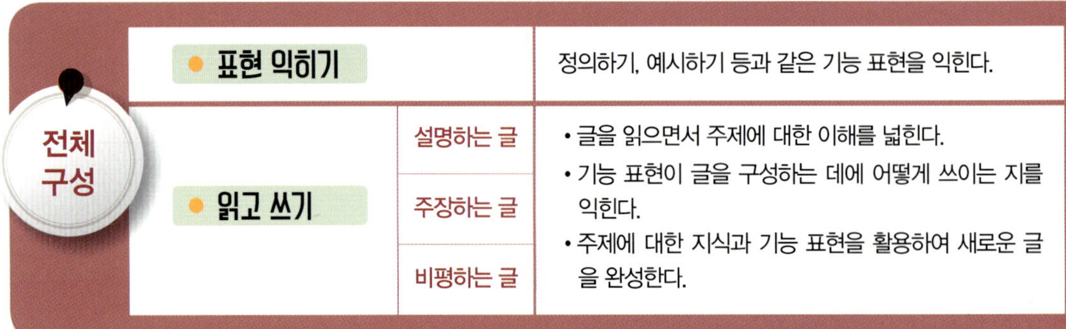

표현 기능의 전형적인 표현을 익힌다.

예문 예문을 통해 기능 표현의 쓰임을 확인한다.

연습 기능 표현을 활용하여 스스로 문장을 써 본다. '읽어 보자'에 사용된 예문을 참고할 수 있다.

단어 예문에 쓰인 단어를 확인할 수 있다. 〈단어장〉의 영어와 중국어 번역어를 활용하여 단어를 익힌다.

● 읽고 쓰기

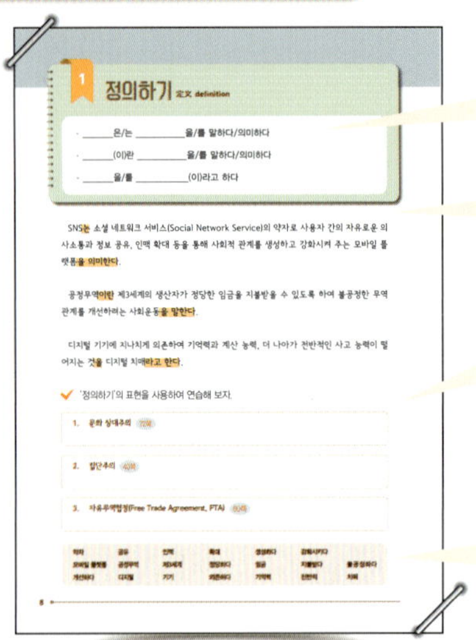

도입 그림, 글 등을 보며 주제에 대해 미리 생각해 본다.

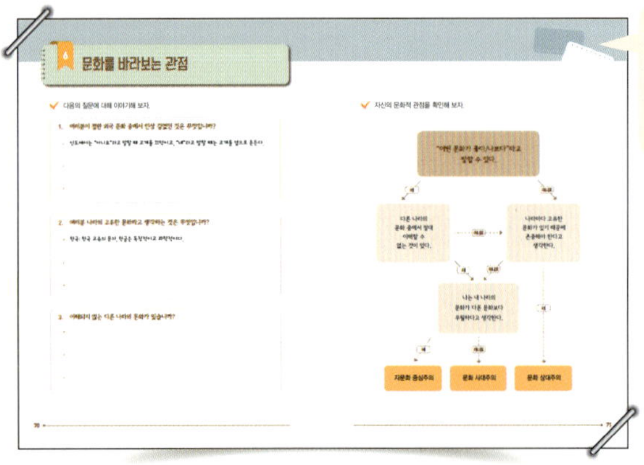

단어 예문에 쓰인 단어를 확인할 수 있다. 〈단어장〉의 영어와 중국어 번역어를 활용하여 단어를 익힌다.

읽어 보기 해당 주제에 대한 글을 읽는다. 기능 표현이 글 안에서 어떻게 쓰였는지를 확인한다.

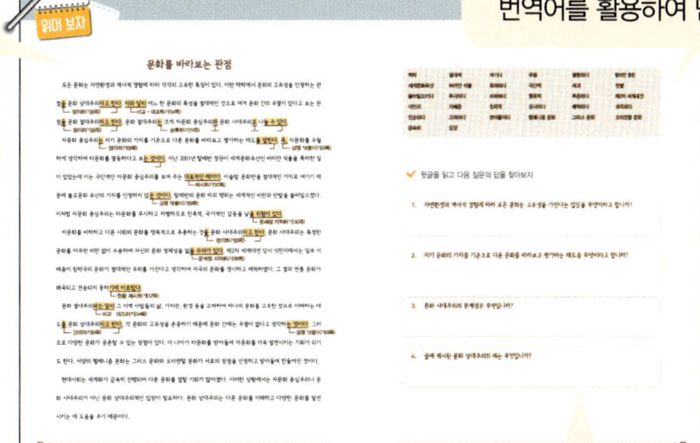

구성 파악하기 글의 구성과 주요 내용을 표로 정리해 본다.

내용 파악하기 질문에 대한 답을 글 안에서 찾으면서 글의 내용을 이해한다. 〈모범 답안〉에서 모범 답을 확인할 수 있다.

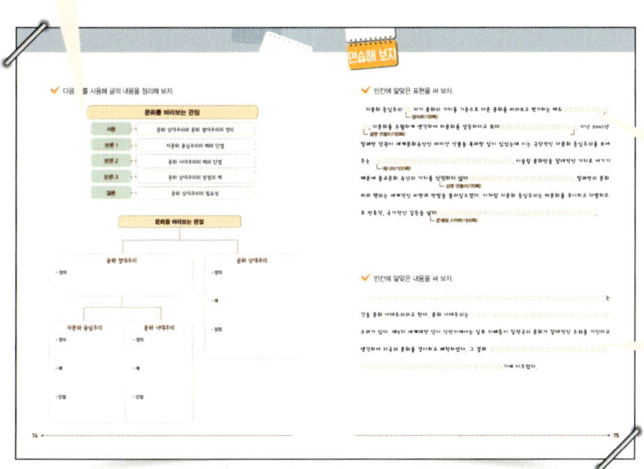

표현 연습 단락을 읽고 빈칸에 알맞은 기능 표현을 써 본다. '표현 익히기'에 사용된 예문을 참고할 수 있다.

내용 채우기 연습 단락을 읽고 빈칸에 적절한 내용을 써 본다. 글의 내용을 참고할 수 있다.

개요 짜기 단원의 주제와 관련 있는 글을 쓰기 위해 필요한 내용을 써 본다. 〈모범 답안〉에서 개요의 내용을 참고할 수 있다.

글 쓰기 앞에서 생각한 내용을 바탕으로 자신의 글을 써 본다.

목차

I. 표현 익히기

1 정의하기 定义 definition

- _______은/는 __________을/를 말하다/의미하다
- _______(이)란 __________을/를 말하다/의미하다
- _______을/를 __________(이)라고 하다

SNS는 소셜 네트워크 서비스(Social Network Service)의 약자로 사용자 간의 자유로운 의사소통과 정보 공유, 인맥 확대 등을 통해 사회적 관계를 생성하고 강화시켜 주는 모바일 플랫폼을 의미한다.

공정무역이란 제3세계의 생산자가 정당한 임금을 지불받을 수 있도록 하여 불공정한 무역 관계를 개선하려는 사회운동을 말한다.

디지털 기기에 지나치게 의존하여 기억력과 계산 능력, 더 나아가 전반적인 사고 능력이 떨어지는 것을 디지털 치매라고 한다.

☑ '정의하기'의 표현을 사용하여 연습해 보자.

1. 문화 상대주의 72쪽

2. 집단주의 40쪽

3. 자유무역협정(Free Trade Agreement, FTA) 80쪽

약자	공유	인맥	확대	생성하다	강화시키다	
모바일 플랫폼	공정무역	제3세계	정당하다	임금	지불받다	불공정하다
개선하다	디지털	기기	의존하다	기억력	전반적	치매

설명 덧붙이기 添加说明 explanation

- (즉,) __________는 것이다

* 즉 即 in other words

많은 언어학자들은 인간만이 언어를 가지고 있다고 생각해 왔다. 즉, 인간이 다른 동물과 구분될 수 있는 특징 중 하나가 바로 언어라는 것이다.

반면에 집단의 목표와 충돌하는 개인의 자유나 이익의 제한을 당연하게 생각하는 문제가 있다. '국가 경제의 발전'이라는 집단의 목표를 우선시하다 보니 한국의 농촌 사회와 노동자 집단의 구성원들은 일방적인 희생을 강요당하게 된 것이다.

✔ '정의하기'와 '설명 덧붙이기'의 표현을 사용하여 연습해 보자.

1. 자문화 중심주의 `72쪽`

2. 존엄사 `106쪽`

3. 자유무역협정(Free Trade Agreement, FTA) `80쪽`

구분되다	반면에	충돌하다	이익	제한	우선시하다	농촌
노동자	구성원	일방적	희생	강요당하다		

예시하기 举例说明 Example

- __________이/가 (그) 대표적인/전형적인 예이다

- (__________의) 대표적인/전형적인 예로(는) __________을/를 들 수 있다

* 대표적 代表性的 representative 전형적 典型的，经典的 typical

　　장르 융합 예술은 대중문화와 고급문화의 경계를 허물었다. 대중문화의 아이콘을 예술의 소재로 삼아 팝아트라는 새로운 장르를 창조해 낸 것이 전형적인 예이다.

　　공정무역이란 제3세계의 생산자가 정당한 임금을 지불받을 수 있도록 하여 불공정한 무역관계를 개선하려는 사회운동을 말한다. 공정무역의 대표적인 예로는 공정무역 커피를 들 수 있다.

✔ '예시하기'의 표현을 사용하여 연습해 보자.

1. 동물의 의사소통 수단　32쪽

2. 집단주의의 장점과 예　40쪽

3. SNS의 정의와 예　88쪽

장르	융합	예술	대중	고급	경계	허물다
아이콘	소재	삼다	팝아트	창조하다		

- _____은/는 _____와/과 _____(으)로 나눌/분류할 수 있다

분류의 기준을 쓸 때: _______에 따라

* 기준 基准 standard

문화를 바라보는 관점은 크게 문화 상대주의와 문화 우월주의로 나눌 수 있다.

무역협정은 협정을 체결하는 국가 수에 따라 다자간 무역협정과 양자 간 무역협정으로 분류할 수 있다.

✓ '분류하기'의 표현을 사용하여 연습해 보자.

1. 문화 절대주의   72쪽

2. SNS   88쪽

| 바라보다 | 관점 | 상대주의 | 우월주의 | 협정 | 체결하다 | 다자간 |
| 양자 | 절대주의 |

- _____________고 있다

- _____________(고 있)는 실정이다

- _____________(고 있)는 추세이다

- _______이/가 되었다, _____________게 되었다

- _____________기에 이르렀다

* 실정 实情 state, 추세 趋势 trend,
이르다 到达(도달하다) reach

인용을 사용하여 현황을 제시할 때:

(_______에 따르면/의하면) _________는 것으로 나타났다

(_______에 따르면/의하면) _________는다고 하다

* 인용 引用 quotation

수치를 강조해서 보여 줄 때:

_______밖에 되지 않다, _______(이)나 되다

_______에 달하다/이르다, _______을/를 돌파하다

* 수치 数值, (量) 值 rate, 강조하다 强调 emphasize,
달하다 达到 reach, 돌파하다 突破 break through

현대에는 하나의 예술 장르를 다른 장르와 접목시키는 다양한 시도가 이루어지고 있다.

온난화에 따른 기후 변화로 폭설, 집중호우, 가뭄과 같은 이상기후에 전 세계가 몸살을 앓고 있는 실정이다.

미국, 캐나다, 유럽연합(EU)뿐만 아니라 인도네시아, 멕시코 등의 나라들도 FTA를 적극적으로 추진하고 있는 추세이다.

디지털 치매란 스마트폰, 컴퓨터 등의 디지털 기기의 과도한 사용으로 인해 기억력과 계산 능력을 점차 잃어버리는 현상을 의미한다. 디지털 기기에 의존하게 된 사람들은 이제 핸드폰이 없으면 가족이나 친구의 전화번호조차도 기억할 수 없게 되었다.

나날이 범죄가 늘어나면서 요즘에는 거리뿐만 아니라 대중교통, 병원, 학교, 상점 등 거의 모든 공공장소에 CCTV를 설치하**기에 이르렀다**.

2014년 7월 국가미래연구원의 발표**에 따르면** 한국의 경제적 부의 분배가 공정하지 않다고 대답한 20~40대 응답자가 91.3%**에 달하는 것으로 나타났다**.

한 통계**에 따르면** 커피 한 잔을 4,000원이라고 했을 때 커피 재배 농민에게 돌아가는 수익은 20원**밖에 되지 않는다고 한다**.

트위터나 페이스북 이용자 수는 한국에서만 이미 천만 명을 **돌파했고** 앞으로 더 늘어날 것이다.

✔ '현황 제시하기'의 표현을 사용하여 연습해 보자.

1. 공정무역 현황　64쪽

2. 한국의 CCTV 설치 현황　138쪽

3. 이상기후 현상　146쪽

4. 문화 사대주의의 문제점　72쪽

접목시키다	시도	이루어지다	온난화	폭설	집중호우	가뭄
이상기후	몸살	앓다	유럽연합(EU)	인도네시아	멕시코	적극적
추진하다	과도하다	점차	현상	나날이	범죄	상점
CCTV	설치하다	국가미래연구원	부	분배	(십)대	응답자
통계	재배	농민	돌아가다	수익	사대주의	

비교 · 대조하기 比較 · 对比 Compare and Contrast

- ______은/는 ____________________는다는 점에서 ____________와/과(는) (크게) 다르다/다르지 않다

- ______와/과(는) 달리

- 이에 반해(서), ______________는 데(에) 반해(서)

- 반면에 ______에서 차이가/차이점이 있다

인간의 언어는 시간이 지남에 따라 변화한다는 점에서 동물의 의사소통 수단과는 다르다.

문화 절대주의와는 달리 그 지역 사람들의 삶, 가치관, 환경 등을 고려하여 하나의 문화를 고유한 것으로 이해하는 태도를 문화 상대주의라고 한다.

초국적 기업 중심의 무역구조에서는 여러 단계의 복잡한 유통 과정을 거치기 때문에 식품이 변질되지 않도록 합성 첨가제를 많이 쓰게 된다. 이에 반해서 공정무역에서는 유통 과정을 최소화하려고 노력하기 때문에 소비자가 보다 안전한 식품을 소비할 수 있다.

앰네스티(Amnesty)에 의하면 2004년 미국에서 사형제도가 있는 주의 평균 살인 사건 발생률은 10만 명당 5.71건이었던 데 반해 사형제도가 없는 주에서는 4.02건이었다고 한다.

집단주의는 개인보다는 가족이나 학교, 국가와 같은 집단에 더 큰 가치를 두는 것을 말한다. 반면에 개인주의는 집단보다 개인을 우선시한다는 점에서 차이가 있다.

✔ '비교 · 대조하기'의 표현을 사용하여 연습해 보자.

1. 장르 융합 예술과 기존 예술의 차이점 56쪽

2. 폐쇄형과 개방형 SNS의 비교 88쪽

3. 인간과 동물의 의사소통 수단의 차이점 32쪽

변화하다	수단	지역	삶	가치관	고유하다	초국적
기업	구조	단계	유통	거치다	식품	변질되다 합성
첨가제	최소화하다	소비하다	앰네스티	사형제도	(캘리포니아)주	살인
발생률	(한 명)당	(한) 건	집단주의	가치	두다	기존
폐쇄형	개방형					

문제점 지적하기 指出问题 Indicating a problem

- _____의 (가장 큰) 문제는 (_________는다는 것)이다

- _________는 문제가/문제점이 있다/나타나다

- _____에 부정적인/심각한 영향을 미치다

- (_________을) 위기에 처하다

- (_________을) 위험이/우려가 있다

* 부정적 否定的 negative, 심각한 深刻的, 严重 serious
영향을 미치다 影响 influence,
위기에 처하다 陷入危机 be in danger, 우려 忧虑 worry

신체적, 정신적인 문제를 이야기할 때: ___________의 증상이 나타나다

* 신체적 身体上 physical, 정신적 精神上 mental, 증상 症状 symptom

소수 집단 차별의 가장 큰 문제는 사회적 소수자의 인권을 침해한다는 것이다.

간단하고 신속하게 정보를 습득할 수 있다 보니 문제 해결 능력과 판단력이 떨어지는 문제가 나타난다.

가난한 사람들이 더욱 가난해지면 서민층의 경제적 위기감이 커지고 소비가 줄어 경기 회복에 부정적인 영향을 미치는 것이다.

이로 인해 투발루 같은 섬나라들이 사라질 위기에 처했으며 이러한 상태가 계속된다면 뉴욕이나 상하이 등의 해안 도시들도 잠길 위험이 있다. 또한 북극곰을 비롯한 많은 동식물들이 멸종 위기에 처해 있다.

문화 사대주의에 빠지면 특정한 문화를 아무런 비판 없이 수용하여 자신의 문화 정체성을 잃을 우려가 있다.

스마트폰을 과도하게 사용하면 신체적인 건강에도 영향을 미쳐 거북목 증후군, 손목터널 증후군, 수면 장애 등의 증상이 나타나게 된다.

✔ '문제점 지적하기'의 표현을 사용하여 연습해 보자.

1. CCTV 설치 확대의 문제점 138쪽

2. 고령화 사회의 문제 154쪽

3. 유전자 변형 기술의 위험성 130쪽

4. 빈부 격차의 문제점 162쪽

5. 현재 무역 구조의 문제 64쪽

소수	차별	사회적	인권	침해하다	신속하다	습득하다
판단력	서민층	위기감	경기	회복	투발루	사라지다
뉴욕	상하이	해안	잠기다	북극곰	비롯하다	동식물
멸종	빠지다	특정하다	비판	수용하다	정체성	거북목 증후군
손목터널 증후군	수면	장애	고령화	유전자	변형	빈부
격차						

주장하기 主张 Assertion

- ___________어야 하다
- ___________을 필요가 있다
- _____이/가 필요하다

글을 끝낼 때: _________어야 할 것이다

요즘처럼 강력 범죄가 빈번하게 발생하는 상황에서 술집이나 백화점 등 범죄가 일어날 가능성이 높은 장소에는 반드시 CCTV를 설치해야 한다.

더 이상 병을 치료할 수 있는 방법이 없는 상태에서 환자가 생명 연장 장치의 도움을 받는 치료를 거부한다면 이를 존중해야 할 필요가 있다.

고령화 사회의 문제를 해결하기 위해서는 노인 고용 장려금 지급, 연금 제도 개선, 의료비 확보 등 다양한 방면에서의 노력이 필요하다.

따라서 소수 집단에 대한 차별을 폐지하고 합당한 정치 경제적 권리를 보장해야 할 것이다.

✔ '주장하기'의 표현을 사용하여 연습해 보자.

1. 사형제 폐지 98쪽

2. 스마트폰 중독 문제의 해결 114쪽

3. 빈부 격차 문제의 해결 162쪽

강력	빈번하다	가능성	생명	연장	장치	거부하다
존중하다	고용	장려금	지급	연금	제도	의료비
확보	방면	폐지하다	합당하다	권리	보장하다	중독

해결 방안 제시하기 提出解決方案 Suggest solution

- _________기 위해서(는) _________어야 하다
  - _________을/를 필요가 있다
  - _____이/가 필요하다
- _________을/를 해결하는 방안으로(는) ______을/를 들 수 있다
- _________음으로써 _________을 수 있다/어야 하다

고령화 사회의 문제를 해결하**기 위해서는** 문제를 바라보는 시각부터 전환**해야 한다**.

원자력 발전 기술은 사고가 났을 때 회복 불가능한 피해를 가져올 수 있으므로 사고를 막**기 위해서는** 관리를 엄격하게 해야 할 뿐만 아니라 사용의 중단도 검토**할 필요가 있다**.

살인과 같은 흉악한 범죄를 예방하**기 위해서** 사형제**가 필요하다**는 주장이 있다.

지구 온난화 문제**를 해결하는 방안으로는** 대체에너지 개발**을 들 수 있다**.

CCTV 설치 규정을 엄격하게 적용**함으로써** 사생활 침해를 막**을 수 있다**.

누진세 부과로 늘어난 재원을 사회복지에 더 투자**함으로써** 부의 재분배를 이루**어야 한다**.

✔ '해결 방안 제시하기'의 표현을 사용하여 연습해 보자.

1. 스마트폰 중독 114쪽

2. 빈부 격차 162쪽

3. CCTV 설치의 문제점 138쪽

시각	전환하다	원자력	피해	가져오다	막다	관리
엄격하다	중단	검토하다	흉악하다	예방하다	대체에너지	규정
적용하다	사생활	누진세	부과	재원	사회복지	투자하다
재분배						

근거 제시하기 : 가정하여 말하기

提出根据 Suggesting evidence　　　　　　　　假设说 suppose

- (만약) __________는다면/으면 __________을 것이다

이산화탄소 배출량을 줄이기 위해 신재생 에너지를 개발하지 않**는다면** 지구 온난화가 더욱 가속화**될 것이다**. 따라서 대체에너지 개발을 위해 전 세계가 노력해야 한다.

위험한 과학 기술의 사용을 적절히 통제하지 못하**면** 체르노빌이나 후쿠시마에서와 같은 사고가 되풀이**될 것이다**.

✔ '가정하여 말하기'의 표현을 사용하여 연습해 보자.

1.　빈부 격차의 심화　162쪽

2.　사형제 유지　98쪽

| 이산화탄소 | 배출량 | 신재생 에너지 | 가속화되다 | 적절하다 | 통제하다 | 체르노빌 |
| 후쿠시마 | 심화 | | | | | |

근거 제시하기 : 전문가의 견해 인용하기

引用专家见解 Citing expert's view

- __________에 의하면/따르면 __________는다고 하다

- 전문가들은 __________는다고 주장하다/밝히다/경고하다/지적하다

* 밝히다 闡明，说开 reveal, 경고하다 警告 warn, 지적하다 指责，批评 point out

요즘처럼 강력 범죄가 빈번하게 발생하는 상황에서 술집이나 백화점 등 범죄가 일어날 가능성이 높은 장소에는 반드시 CCTV를 설치해야 한다. 정부 관계자에 따르면 지난해 CCTV를 통해 예방하거나 해결한 주요 사건만 수백 건에 달한다고 한다.

스마트폰을 무조건 사용할 수 없게 한다고 해서 중독을 예방할 수 있는 것은 아니다. 전문가들은 아이들의 조절 능력을 키우는 것이 더 효과적이라고 주장한다. 따라서 규칙을 정하고 이를 지키는 습관을 들이도록 할 필요가 있다.

✔ '전문가의 견해 인용하기'의 표현을 사용하여 연습해 보자.

1. 유전자 변형 식품은 생태계와 인체에 유해하다. 130쪽

2. 빈부 격차를 해소하기 위해서는 소득누진세를 엄격하게 적용해야 한다. 162쪽

| 정부 | 관계자 | 주요 | 조절 | 효과적 | 습관을 들이다 | 생태계 |
| 인체 | 유해하다 | 해소하다 | 소득누진세 | | | |

근거 제시하기 : 통계 자료 사용하기

使用统计资料 Using statistical data

- ________에 의하면/따르면 __________는 것으로 나타났다

통계 자료를 해석하여 말할 때:

이는 ____________는다는 것을 잘 보여 주다/의미하다

* 해석하다 解釋 interpret

기획재정부 자료에 의하면 한국의 65세 이상 노인들의 빈곤율은 49%로 경제협력개발기구 (OECD) 평균인 13%보다 3배 이상 높은 것으로 나타났다. 따라서 노인들의 빈곤 문제를 시급히 해결해야 한다.

한국의 빈부 격차는 결코 작지 않은 수준이다. 2014년 7월 국가미래연구원의 발표에 따르면 한국의 경제적 부의 분배가 공정하지 않다고 대답한 20~40대가 91.3%에 달하는 것으로 나타났다. 이는 한국 사회의 빈부 격차가 심각한 수준에 이르렀다고 느끼는 사람이 많다는 것을 잘 보여 준다.

✔ '통계 자료 사용하기'의 표현을 사용하여 연습해 보자.

1. 사형제가 흉악 범죄를 줄일 수 없으므로 폐지해야 한다. 98쪽

2. 범죄를 해결하기 위해서 CCTV 설치를 확대해야 한다. 138쪽

3. 스마트폰 중독 문제가 심각하므로 대책을 마련해야 한다. 114쪽

기획재정부　　　빈곤율　　　경제협력개발기구　　　시급하다　　　결코　　　대책　　　마련하다

근거 제시하기 : 사례 들기 事例 Thrusting example

- 실제로 (________에서는)

- 실제로 (_________의 경우에도)

* 실제로 实际上 actually, 경우 情况 in a case

화석연료를 대체할 수 있는 신재생 에너지 개발에 힘써야 한다. **실제로** IT 기업 애플은 전 세계에 위치한 회사 시설의 87%를 재생 에너지로만 가동하고 있다고 밝혔다. 그 결과 제품 1개당 탄소 배출량이 2011년 이후 계속 줄어들고 있다고 한다.

상대국에 비교 우위가 없는 상품은 경쟁에서 밀릴 위험이 있다. **실제로** 한국의 농축산물 산**업의 경우에도** 미국의 기계화된 생산 과정과 대량 생산을 이겨낼 경쟁력을 갖기 힘들기 때문에 위기에 처해 있다.

✔ '사례 들기'의 표현을 사용하여 연습해 보자.

1. 원자력 발전 기술은 위험하다. 130쪽

2. 환자 본인의 의지를 존중해서 존엄사를 결정해야 한다. 106쪽

3. 고령화 사회 문제를 해결하기 위해서는 노인의 경제 활동을 지원해야 한다. 154쪽

화석연료	힘쓰다	IT	위치하다	시설	가동하다	비교 우위
경쟁	밀리다	농축산물	산업	기계화되다	생산	대량
이겨내다	본인	의지	존엄사	지원하다		

반론하기 反駁 Counterargument

- __________는다는 주장이 있다. 그러나 ______으므로 __________는다고 본다.

- 일부 사람들은 ______는다고 주장한다. 그러나 ______는다는 점에서 _______는다고 본다.

- 일부 사람들은 ______는다고 주장한다. 물론 ______을 수도 있다. 그러나 ______는다는 점에서 ______을 수는 없다.

찬성과 반대를 밝힐 때:

________에 찬성/반대하는 이들은 ________는다고 주장한다.

* 찬성 同意, 赞成 consent 반대 反对 dissent

살인과 같은 흉악한 범죄를 예방하기 위해서 사형제가 필요하**다는 주장이 있다. 그러나** 실제로 사형제를 유지하고 있는 지역의 범죄율이 낮은 것은 아니**므로** 사형제가 범죄 예방의 역할을 할 수는 없**다고 본다**.

일부 사람들은 존엄사가 인간의 생명권을 뺏는 행위**라고 주장한다. 그러나** 인간의 생명을 유지하는 것 자체보다는 어떻게 살아가느냐 하는 것이 더 중요하**다는 점에서** 존엄사를 허용해야 **한다고 본다**.

CCTV 설치 확대에 찬성하는 이들은 CCTV가 우리의 안전을 보장해 줄 것**이라고 주장한다. 물론** CCTV로 범죄를 예방할 **수도 있다. 그러나** CCTV 설치로 인해 사생활의 자유가 침해될 수 있**다는 점에서** CCTV 설치 확대에 무조건 찬성**할 수는 없다**.

1. 소수의 인권을 위해서 제도를 바꾸는 것은 비효율적이다. 122쪽

2. 고령화 사회의 문제는 개인이나 가정이 해결해야 할 문제이다. 154쪽

3. 누진세 부과는 경제활동의 의지를 저하시킬 우려가 있다. 162쪽

역할	행위	자체	허용하다	비효율적	가정	저하시키다

의의 제시하기 提出意义 Suggesting meaning

- ________은/는 ________는다는 점에서　의의를 가진다

　　　　　　　　　　　　　　　　　　　　의미/의의가 있다

문화 상대주의는 다양한 문화가 공존할 수 있는 토대를 제공한다는 점에서 의의를 가진다.

SNS는 이용자가 곧 정보의 생산자가 되는 구조의 변화를 가져왔다는 점에서 의의가 있다.

✔ '의의 제시하기'의 표현을 사용하여 연습해 보자.

1. 장르 융합 예술의 의의　56쪽

2. 공정무역의 의의　64쪽

3. 자유무역협정의 의의　80쪽

공존하다　　토대　　제공하다

전망하기 展望 Viewing

- ____________을 것이다
- (현재 상황으로 미루어 볼 때) ____________을 전망이다

우리 사회가 국가적 차원에서 지속적으로 제도를 확립하고 보완해 간다면 고령화 사회의 문제를 효과적으로 해결할 수 있**을 것이다**.

현재 상황으로 미루어 볼 때 국가 간, 지역 간 자유무역협정은 앞으로 더욱 확대**될 전망이다**.

✔ '전망하기'의 표현을 사용하여 연습해 보자.

1. 공정무역의 확대 64쪽

2. 장르 융합 예술의 발전 56쪽

차원   지속적   확립하다   보완하다

Ⅱ. 읽고 쓰기 – 설명하는 글

인간의 언어와 동물의 '언어'

✔ 다음을 보고 동물의 의사소통 수단에 대해서 이야기해 보자.

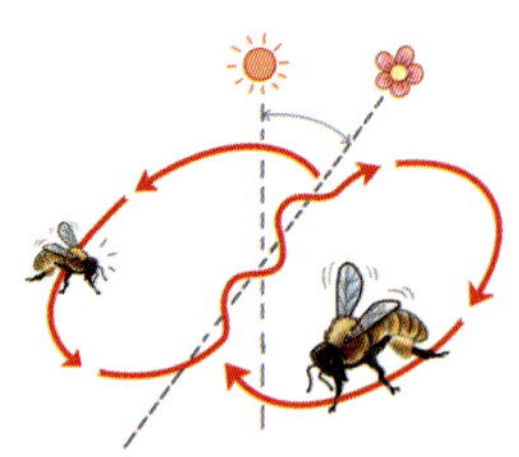

- 꿀벌은 춤을 춤으로써 먹이의 위치를 동료에게 알려 준다.

- 돌고래는 소리로 자기가 본 것을 다른 돌고래에게 전달한다.

?
·

✔ 언어의 특성과 그에 맞는 설명을 연결해 보자.

자의성	언어는 사회적 약속이기 때문에 개인이 마음대로 말을 바꾸거나 새로운 말을 만들어 낼 수 없다.
사회성	언어는 시간에 따라 계속해서 변한다.
역사성	한국에서는 '개'라고 하는 단어를 영어로는 'dog'라고 하고, 중국어로는 '狗'라고 한다.
체계성	언어는 더 작은 단위로 나뉠 수 있다. 문장 > 절 > 구 > 단어
분절성	작은 단위가 결합되어 더 큰 체계를 이룬다.

인간의 언어와 동물의 '언어'

언어란 생각이나 느낌을 전달하는 데에 사용하는 수단을 말한다. 의사소통을 위하여 사용하는 음성이나 문자 등을
└ 정의하기(8쪽)

통틀어 언어라고 할 수 있다. 많은 언어학자들은 인간만이 언어를 가지고 있다고 생각해 왔다. 즉, 인간이 다른 동물과
└ 설명 덧붙이기(9쪽)

구분될 수 있는 특징 중 하나가 바로 언어라는 것이다.

그러나 학자들이 수년간 동물의 행동을 관찰하고 연구한 결과 동물 간에도 인간과 마찬가지로 '언어'가 있음이 확인되

었다. 그 대표적인 예로는 꽃을 찾아낸 꿀벌이 동료에게 그 위치를 알려 주기 위해 추는 춤이나 돌고래가 자기가 본 것
└ 예시하기(10쪽)

을 다른 돌고래에게 전달하는 소리 신호, 먹이의 위치를 알려 주기 위해 내뿜는 불개미의 화학 물질 등을 들 수 있다. 하

지만 이러한 것들은 인간의 언어와 비교해 볼 때 여러 가지 차이점이 있다.

첫째, 인간의 언어는 시간이 지남에 따라 변한다는 점에서 동물의 의사소통 수단과는 다르다. 인간과 가장 유사한 동
└ 비교·대조하기(14쪽)

물이 자신의 의사를 나타내는 데 사용하는 몸짓이나 소리는 20~40여 개에 지나지 않는다. 그뿐만 아니라 이 신호들은

매우 고정적이어서 시간이 지나도 변하지 않는다.

둘째, 인간은 동물과는 달리 소리뿐 아니라 문자를 사용하여 생각을 전달한다. 인간은 오래 전부터 문자를 사용하여
└ 비교·대조하기(14쪽)

자신들의 생각이나 사건을 기록해 왔다. 그 결과 우리는 몇 백 년 전에 무슨 일이 일어났었는지, 그 당시의 사람들이 어떤

생각을 하고 있었는지 알 수 있다. 하지만 동물은 문자를 가지고 있지 않으므로 기록의 전달이 불가능하다.

셋째, 인간의 언어와 동물의 언어는 분절적 특성에서 차이가 있다. 분절성이란 인간의 언어가 더 작은 단위로 나뉠 수
└ 비교·대조하기(14쪽)   └ 정의하기(8쪽)

있다는 것을 의미한다. 이런 작은 단위가 결합되어 더 큰 체계를 이루기 때문에 무한한 단어와 문장을 만들어 낼 수 있

다. 반면에 동물의 언어는 분절성을 가지지 않으므로 인간의 언어와 같이 체계적이지 않다.
└ 비교·대조하기(14쪽)

인간뿐만 아니라 동물도 나름의 의사소통 수단을 가지고 있다. 그러나 동물의 언어는 인간의 언어와는 달리 역사성,
└ 비교·대조하기(14쪽)

분절성, 체계성을 가지지 않는다는 점에서 제한적인 의사소통 수단이라고 할 수 있다.

전달하다	의사소통	음성	문자	통틀다	특징	관찰하다
연구하다	꿀벌	돌고래	신호	먹이	내뿜다	불개미
화학	물질	유사하다	몸짓	고정적	사건	기록하다
당시	분절적	특성	단위	나뉘다	결합되다	체계
무한하다	나름					

 윗글을 읽고 다음 질문의 답을 찾아보자.

1. 동물이 의사를 전달하는 수단에는 어떤 것들이 있습니까?

2. 인간의 언어와 동물의 의사소통 수단의 차이점 세 가지는 무엇입니까?

다음 표를 사용해 글의 내용을 정리해 보자.

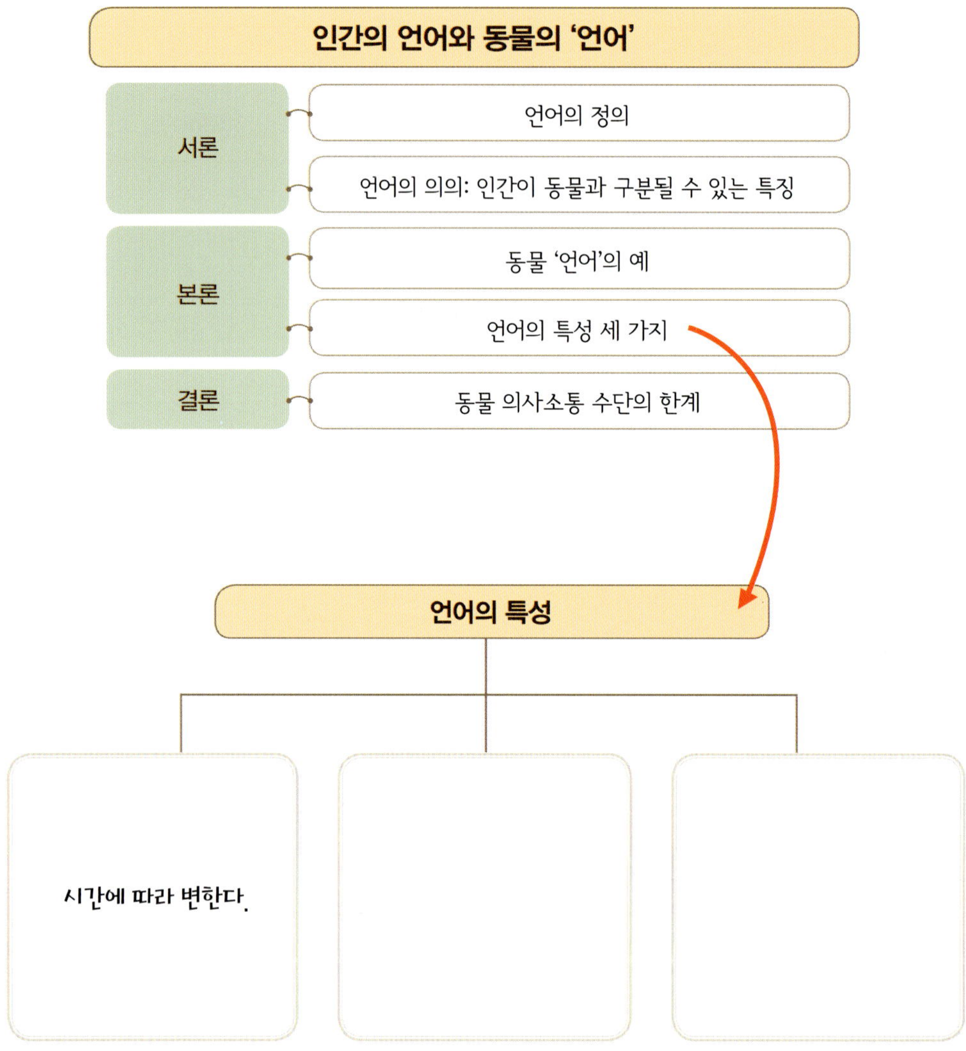
인간의 언어와 동물의 '언어'
서론
언어의 정의
언어의 의의: 인간이 동물과 구분될 수 있는 특징
본론
동물 '언어'의 예
언어의 특성 세 가지
결론
동물 의사소통 수단의 한계
언어의 특성
시간에 따라 변한다.

✔️ 빈칸에 알맞은 표현을 써 보자.

언어   생각이나 느낌을 전달하는 데에 사용하는 수단   .
└ 정의하기(8쪽)

의사소통을 위하여 사용하는 음성이나 문자 등을 통틀어 언어라고 할 수 있다. 많은 언어학자들은 인간

만이 언어를 가지고 있다고 생각해 왔다.   , 인간이 다른 동물과 구분될 수 있는 특징 중
└ 설명 덧붙이기(9쪽)

하나가 바로 언어   .

그러나 학자들이 수년간 동물의 행동을 관찰하고 연구한 결과 동물 간에도 인간과 마찬가지로 '언어'가 있

음이 확인되었다.   꽃을 찾아낸 꿀벌이 동료에게 그 위치를 알려 주기 위해
└ 예시하기(10쪽)

추는 춤이나 돌고래가 자기가 본 것을 다른 돌고래에게 전달하는 소리 신호, 먹이의 위치를 알려 주기 위해 내

뿜는 불개미의 화학 물질 등   . 하지만 이

러한 것들은 인간의 언어와 비교해 볼 때 여러 가지 차이점이 있다.

✔️ 빈칸에 알맞은 내용을 써 보자.

인간의 언어와 동물의 언어는   에서 차이가 있다.

분절성이란   을 의미한다. 이런

작은 단위가 결합되어 더 큰 체계를 이루기 때문에 무한한 단어와 문장을 만들어 낼 수 있다. 반면에 동물의

언어는   .

✔ '언어의 특성'이라는 제목의 글을 쓰기 위해 필요한 내용을 써 보자.

언어의 특성

서론

• 언어의 정의
• 언어의 특징(체계성, 사회성, 역사성)

> 언어란 ____
> ______________을 말한다. 언어는 비언어적 의사소통 수단과 달리 ______________
> ____.

본론 1

• 언어의 특성 1 : 체계성 (동물의 '언어'와 비교)

> 인간의 언어는 ____
> 는다는 점에서 동물의 '언어'와는 다르다. 동물의 언어는 ______________
> ____. 반면에 인간의 언어는
> ____.

본론 2

• 언어의 특성 2, 3 : 사회성, 역사성

> 또한 인간의 언어는 ______________________________. 즉, ______________
> ____는 것이다. 마지막으로 인간의
> 언어는 ____.
> ____이/가 그 대표적인 예이다.

결론

• 언어가 문화의 발전에 공헌한 점

> 인간의 언어는 동물의 언어와는 다르게 체계성, 사회성, 역사성을 가지고 있는데 이는 ______
> ____
> ____
> ____.

☑ 표의 내용을 바탕으로 글을 써 보자.

언어의 특성

✔ 다음을 보고 이야기해 보자.

> <가> 우리 학과에서 종강모임을 한다고 한다. 그런데 그날 다른 약속이 있어서 참석하기가 어려울 것 같다. 우리 과의 다른 친구에게 물어봤더니 종강모임은 중요한 행사이기 때문에 꼭 참석해야 한다고 한다. 하지만 나는 다른 약속을 먼저 잡았고 학과에 친한 친구가 많지 않아서 종강모임에 참석하기보다 다른 약속에 가고 싶다.

> <나> 옆 동네에 새로 공원을 만든다고 한다. 그런데 공사를 하는 동안 우리 집에서 지하철역으로 가는 가장 가까운 길을 이용할 수 없다고 한다. 공사를 시작하면 도로를 이용할 수 없어서 불편할 것이라고 반대하는 사람도 많다. 그런데도 시청에서는 공사를 시작하였고 동네 사람들은 공사를 반대하는 운동을 하자고 한다. 나는 이 운동을 함께 해야 할지 고민이 된다.

1. 여러분이 위와 같은 상황에 있다면 어떻게 하겠습니까?

2. 이와 같이 집단적 가치와 개인의 자유가 충돌했던 경험을 이야기해 봅시다.

1. 일부 사람들에게 피해를 준다고 해도 다수결로 결정된 것은 꼭 지켜야 한다.

2. 개인이 없으면 사회가 이루어질 수 없으므로 개인이 사회보다 중요하다.

3. 회사나 학교에 중요한 행사가 있다고 해도 개인적인 사정이 있으면 빠질 수 있다.

4. 많은 사람들의 생각과 다른 의견을 말하는 것은 좋지 않은 태도이다.

5. 다수결로 정해진 것이라도 그것 때문에 일부 사람들이 피해를 본다면 결정된 것을 바꿀 수 있다.

6. 개인은 사회를 떠나 혼자 살 수 없다.

7. 많은 사람들이 보통 생각하지 못하는 창조적인 사고가 사회를 발전시킨다.

8. 회사나 학교에 큰 행사가 있다면 한 명도 빠짐없이 꼭 참석해야 한다.

9. 내가 속한 집단이 발전하면 나에게도 이익이 돌아온다.

집단을 더 중요시하는 생각	개인을 더 중요시하는 생각

집단주의와 개인주의

집단주의는 개인보다는 가족이나 학교, 국가와 같은 집단에 더 큰 가치를 두는 것을 말한다. 반면에 개인주의는 집단
└ 정의하기(8쪽)   └ 비교·대조하기(14쪽)
보다 개인을 우선시한다는 점에서 차이가 있다. 그러므로 집단주의와 개인주의는 상반된 가치라고 할 수 있다. 그러나

특정 사회가 집단주의적 성향이나 개인주의적 성향을 띤다고 해서 어느 한 가치가 절대적이라고 보기는 어렵다. 즉, 어

떤 사회가 집단주의적이라고 해서 개인주의적인 성향이 전혀 나타나지 않는 것은 아니다.

집단주의 문화권에서는 집단의 이익을 우선시하므로 집단의 목표를 설정하고 실행하는 데 있어 추진력을 가질

수 있다. 비교적 집단주의적 성향이 강하다고 평가되는 한국이 단기간에 경제 성장을 이룬 것이 그 대표적인 예이다.
└ 예시하기(10쪽)
반면에 집단의 목표와 충돌하는 개인의 자유나 이익의 제한을 당연하게 생각하는 문제가 있다. '국가 경제의 발전'이라는
└ 비교·대조하기(14쪽)   └ 문제점 지적하기(16쪽)
집단의 목표를 우선시하다 보니 한국의 농촌 사회와 노동자 집단의 구성원들은 일방적인 희생을 강요당하게 된 것이다.
└ 설명 덧붙이기(9쪽)
개인주의 문화권은 개인의 자유와 권리를 최대한 보장하기 위해 노력한다는 점에서 집단주의 문화권과는 다르다. 그
└ 비교·대조하기(14쪽)
러므로 개인주의 문화권에서는 상대적으로 창의성과 다양성을 추구하기에 용이하다. 집단의 목표를 위해 개인이나 소

수 집단의 희생을 강요하지 않는다는 것도 장점이다. 그러나 개개인이 원하는 것이 서로 다르므로 집단의 목표를 달성

하는 데에는 어려움이 많을 수 있다.

집단주의와 개인주의는 상반된 가치이기 때문에 갈등을 일으키는 경우가 많다. 개인뿐만 아니라 사회적인 차원에서

도 '집단'과 '개인' 중 무엇에 더 큰 가치를 부여할 것인가에 대한 의견이 달라 서로 다른 주장을 하게 되기 때문이다. 또

한 개인주의를 더 중요하게 여기는 사회에서조차도 개인의 자유와 권리를 어디까지 보장해야 하는지를 결정하는 것은

쉽지 않은 문제이다. 그러므로 한 사회가 처한 상황에 따라 개인의 자유와 집단의 이익 중 어떤 가치를 더 우선시할지

를 고민해야 할 것이다.

상반되다	성향	띠다	문화권	설정하다	실행하다	비교적
평가되다	경제	성장	당연하다	최대한	창의성	추구하다
용이하다	달성하다	갈등	일으키다	부여하다	처하다	상황

✔ 윗글을 읽고 다음 질문의 답을 찾아보자.

1. 집단주의와 개인주의는 어떤 점에서 차이가 있습니까?

2. 집단주의의 장점과 단점을 보여 주는 예는 무엇이 있습니까?

3. 개인주의의 장점과 단점은 무엇입니까?

✔ 다음 표를 사용해 글의 내용을 정리해 보자.

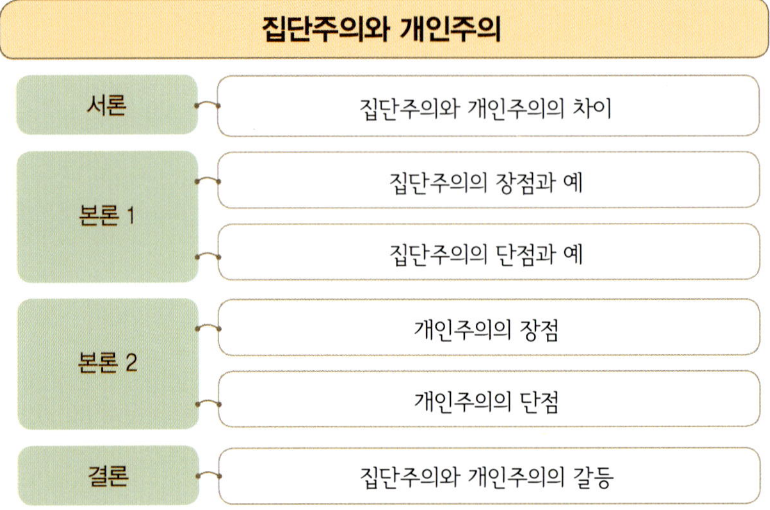

✔ 빈칸에 알맞은 표현을 써 보자.

　집단주의 문화권에서는 집단의 이익을 우선시하므로 집단의 목표를 설정하고 실행하는 데 있어 추진력을

가질 수 있다. 비교적 집단주의적 성향이 강하다고 평가되는 한국이 단기간에 경제성장을 이룬 것
└ 예시하기(10쪽)

　　　　　　　　　　　　　　　　　　　　　　　　　. 　　　　　　　　집단의 목표와 충돌하는 개인의 자유나
└ 비교・대조하기(14쪽)

이익의 제한을 당연하게 **생각하다**　　　　　　　　　　　　　　　. '국가 경제의 발전'이라는
└ 문제점 지적하기(16쪽)

집단의 목표를 우선시하다 보니 한국의 농촌 사회와 노동자 집단의 구성원들은 일방적인 희생을 강요당하게

되다　　　　　　　　　　　　　　.
└ 설명 덧붙이기(9쪽)

✔ 빈칸에 알맞은 내용을 써 보자.

　개인주의 문화권에서는 개인의 자유와 권리를 최대한 보장하기 위해 노력한다는 점에서 집단주의 문화권

과는 다르다. 그러므로 개인주의 문화권에서는 　　　　　　　　　　　　　　　　　　　　　

　　　　　　　　　　　기에 용이하다. 　　　　　　　　　　　　　　　　　　　　는

다는 것도 장점이다. 그러나 　　　　　　　　　　　　　　　　　는 데에

는 어려움이 많을 수 있다.

✔ '집단주의의 문제점'이라는 제목의 글을 쓰기 위해 필요한 내용을 써 보자.

집단주의의 문제점

서론

• 집단주의의 정의
• 집단주의의 장점
• 집단주의의 문제점 제기의 필요성

집단주의란 _______________________________________을/를 말한다. 집단주의는
_______________________________________는다는 점에서 장점이 있다. 그러나
지나치게 집단을 우선시하다 보면 개인의 자유와 창의성이 제한당할 수 있어 문제가 된다.

본론 1

• 집단주의의 문제점 1: 개인의 자유 제한
• 문제점을 잘 보여 주는 예

집단주의의 가장 큰 문제는 ____
는다는 것이다. ____는
것이다. ____
____이/가 그 대표적인 예이다.

본론 2

• 집단주의의 문제점 2: 창의성 제한

집단의 통일성을 강조하다 보면 ____
는 문제가 나타난다. 개인주의 사회에서는 개인의 개성과 독창적 사고가 보장되는 반면에 _____
____.
이로 인해 ____을 우려가 있다.

결론

• 집단주의의 필요성
• 집단주의의 위험성

집단주의는 ____
는다는 점에서 필요할 때도 있다. 그러나 _______________________________________
_____________을 우려가 있으므로 개인에게 집단적 가치를 무조건 강요해서는 안 될 것이다.

집단주의의 문제점

디지털 치매

✔ 다음을 보고 이야기해 보자.

1. 지하철에서 사람들이 많이 하는 일은 무엇입니까?

2. 여러분이 사용하는 디지털 기기에는 어떤 것들이 있습니까?

3. 디지털 기기의 지나친 사용으로 나타날 수 있는 문제는 무엇이라고 생각합니까?

✔ 디지털 기기에 얼마나 의존하고 있는지 확인해 보자.

디지털 치매 가능성을 진단하는 테스트

1	친한 사람의 전화번호도 외우지 못한다.	
2	가사를 보지 않고 노래를 부르기 어렵다.	
3	손으로 글씨를 쓰는 것보다 휴대전화나 키보드 입력이 편하다.	
4	내비게이션이 없으면 길을 못 찾는다.	
5	알고 있던 단어나 사람의 이름이 얼른 떠오르지 않는다.	
6	친구들과 인터넷으로만 연락한다.	
7	휴대폰이 없으면 불안하다.	
8	단순한 계산도 계산기로 한다.	
9	인터넷 접속 시 아이디나 패스워드가 잘 생각나지 않는다.	

✔ 디지털 치매를 예방하는 방법을 이야기해 보자.

디지털 치매

　　니콜라스 카는 '유리 감옥'이라는 책에서 디지털 사회의 위험성을 경고하였다. 사람들은 디지털 기술에 지나치게 의존하여 스스로 문제를 해결하는 능력을 잃어가고 있다. 2009년 에어프랑스 항공기 추락 사고가 그 전형적인 예이다. 대형
└ 예시하기(10쪽)
여객기에서는 조종사가 주로 자동조종장치의 도움을 받아 비행을 하게 되는데, 이것이 지속되면 조종사가 기계에 지나치게 의존하게 되어 수동 조종 능력이 떨어지게 된다. 이로 인해 자동조종장치에 이상이 발생했을 때 적절하게 대처하지 못했던 것이다. 에어프랑스 항공기의 사고는 디지털 기술에 지나치게 의존했을 때 일어날 수 있는 문제점을 잘 보여 준다.
└ 설명 덧붙이기(9쪽)
　　현대 사회에서는 디지털 기기에 대한 의존이 더욱 심해지고 있다. 버튼 하나만 누르면 원하는 정보를 신속하게 찾을
└ 현황 제시하기(12쪽)
수 있기 때문에 그것을 기억해야 할 필요성을 느끼지 못한다. 이러한 일이 반복되면 우리 뇌에서 기억을 담당하는 부분이 제대로 기능을 하지 못하는 문제가 나타난다. 이처럼 디지털 기기에 지나치게 의존하여 기억력과 계산 능력, 더 나아
└ 문제점 지적하기(16쪽)
가 전반적인 사고 능력이 떨어지는 것을 디지털 치매라고 한다.
└ 정의하기(8쪽)
　　디지털 치매는 디지털 기기에 의존도가 높은 10대 후반에서 40대 초반의 사람들에게 주로 나타난다. 가족이나 가까운 친구의 전화번호조차도 기억하지 못하게 된다든가, 쉬운 계산도 스스로 하지 못하고 계산기의 힘을 빌리는 것 등이 전형적인 예이다. 이러한 일이 계속되다 보면 디지털 치매가 심해져 과도한 스트레스에 노출될 수 있으며 심한 건망증, 공황
└ 예시하기(10쪽)
장애, 심지어 조기 치매에까지 이를 위험이 있다.
└ 문제점 지적하기(16쪽)
　　　　　　　　　　　　　　　　　　　　　　　　　　　　　　　　　┌ 현황 제시하기(수치 강조)(12쪽)
　　한국정보화진흥원의 2014년 인터넷 중독 실태 조사에 따르면 약 15%에 이르는 한국인이 인터넷 중독에 해당한다고
└ 현황 제시하기(인용)(12쪽)
한다. 이처럼 디지털 기기에 대한 의존도가 높은데도 우리 사회는 아직 디지털 치매에 대한 인식이 부족한 실정이다. 디
└ 현황 제시하기(12쪽)
지털 기기가 우리의 삶을 더욱 편하게 만든 것은 사실이지만 그 편리함에 빠져서 우리의 몸과 마음의 건강을 잃지 않도록 주의해야 할 것이다.

니콜라스 카	항공기	추락	주로	대형	여객기	자동조종장치
비행	수동	대처하다	버튼	누르다	필요성	반복되다
뇌	담당하다	부분	제대로	나아가	후반	초반
노출되다	건망증	공황 장애	심지어	조기	한국정보화진흥원	실태
약	해당하다	인식				

✔ 윗글을 읽고 다음 질문의 답을 찾아보자.

1. 디지털 치매란 무엇입니까?

2. 디지털 치매에 걸리면 어떤 증상들이 나타납니까?

3. 한국인의 디지털 기기에 대한 의존도는 어느 정도입니까?

✔ 다음 표를 사용해 글의 내용을 정리해 보자.

디지털 치매

서론
- 디지털 기술에 대한 지나친 의존의 문제점 (전문가 의견 제시)

본론 1
- 디지털 치매의 정의

본론 2
- 디지털 치매의 증상 및 위험성

결론
- 디지털 치매의 현황
- 인식 전환의 필요성

☑ 빈칸에 알맞은 표현을 써 보자.

현대 사회에서는 디지털 기기에 대한 의존이 더욱 **심해지다**   . 버튼 하나만 누르
└ 현황 제시하기(12쪽)

면 원하는 정보를 신속하게 찾을 수 있기 때문에 그것을 기억해야 할 필요성을 느끼지 못한다. 이러한 일이

반복되면 우리 뇌에서 기억을 담당하는 부분이 제대로 기능을 하지 **못하다**   .
└ 문제점 지적하기(16쪽)

이처럼 디지털 기기에 지나치게 의존하여 기억력과 계산 능력, 더 나아가 전반적인 사고 능력이 떨어지는 것

      디지털 치매   .
└ 정의하기(8쪽)

☑ 빈칸에 알맞은 내용을 써 보자.

디지털 치매는 디지털 기기에 의존도가 높은 10대 후반에서 40대 초반의 사람들에게 주로 나타난다.

                                                              이/가 전형적인

예이다. 이러한 일이 계속되다 보면 디지털 치매가 심해져

                              위험이 있다.

✓ '디지털 치매를 예방하는 방법'이라는 제목의 글을 쓰기 위해 필요한 내용을 써 보자.

디지털 치매를 예방하는 방법

서론

- 디지털 치매의 정의
- 디지털 치매의 증상

_______________________________________을/를 _______________________________________

이라고 한다. 디지털 치매에 걸리면 _______________________________________

의 증상이 나타난다. 더 심해지면 _______________________________________

_______________________________________을 위험이 있다.

본론 1

- 디지털 치매를 예방하는 방법 1: 디지털 기기의 사용 줄이기

  디지털 치매를 예방하기 위해서는 _______________________________________

을 필요가 있다. _______________________________________는

다면 _______________________________________을

것이다. 전문가에 따르면 _______________________________________

_______________________________________는다고 한다.

본론 2

- 디지털 치매를 예방하는 방법 2: 뇌를 자극하는 방법

  디지털 기기의 사용을 줄이고 동시에 뇌를 자극해야 디지털 치매를 예방할 수 있다. 뇌를 자

극하는 방법에는 손으로 글씨 쓰기, _______________________________________

등을 들 수 있다. 이러한 방법들을 꾸준히 실천하다 보면 _______________________________________

_______________________________________을 것이다.

결론

- 디지털 치매의 위험성 강조
- 디지털 치매의 예방법 실천 강조

  디지털 기기의 편리함에 빠져서 지나치게 사용하다 보면 _______________________________________

_______________________________________을 위험이 있다. 따라서 디지털 치매에 걸리지 않으려면

_______________________________________어야 한다.

디지털 치매를 예방하는 방법

4

장르 융합 예술

☑ 다음을 보고 여러 예술 장르를 생각해 보자.

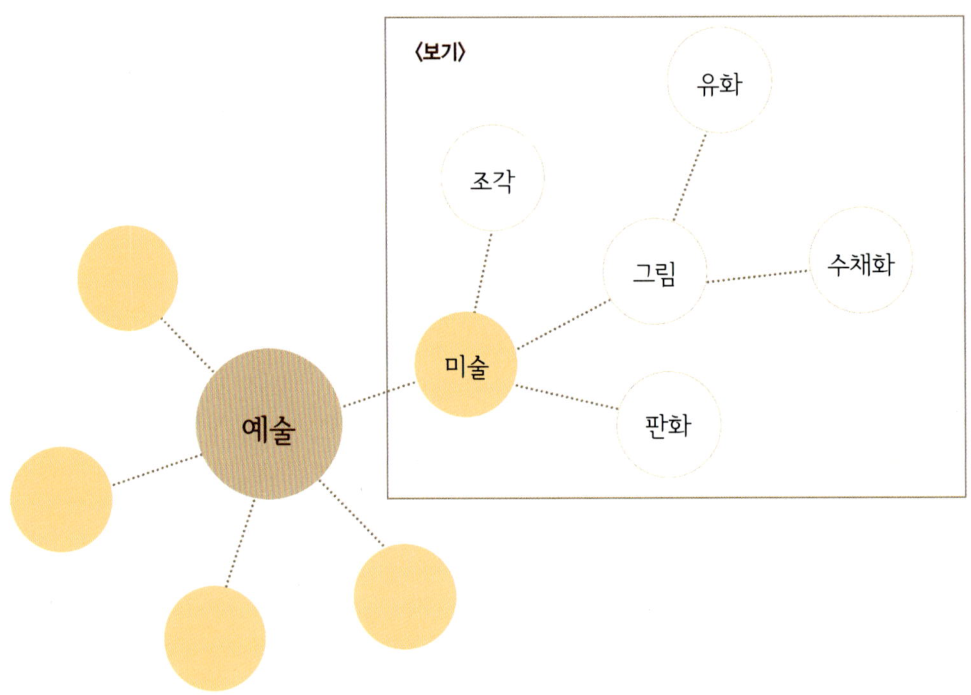

고급문화	대중문화
• 클래식 음악	• 힙합, 재즈
• ______________	• ______________
• 발레	• 만화 – 만화책, 만화 영화, 웹툰
• ______________	• ______________

여러 장르가 하나가 되면 어떨지 생각해 보자.

<예> 그림 전시회 + 재즈 음악회 - 재즈 연주를 들으면서 그림을 감상한다.

영화 + 연극 - 연극 공연 중에 영화의 한 장면이 상영된다.

서예 + 유화 - 붓글씨와 유화 그림을 한 장에 담는다.

장르 융합 예술

현대에는 하나의 예술 장르를 다른 장르와 접목시키는 다양한 시도가 이루어지고 있다. 전통 예술과 현대 예술, 동서

└ 현황 제시하기(12쪽)

양의 예술 장르, 서로 다른 예술 장르가 융합되어 새로운 작품이 탄생하거나 하나의 새로운 장르를 만들어 내기도 한다.

이러한 장르 융합 예술은 기존의 경계를 허물고 문화 예술에 대한 대중의 접근성을 높인다는 점에서 의의가 있다. 더 나

└ 의의 제시하기(26쪽)

아가 예술 장르와 과학 기술의 만남은 예술의 영역을 확장하여 창조와 혁신의 계기가 된다.

장르 융합 예술은 대중문화와 고급문화의 경계를 허물었다. 대중문화의 아이콘을 예술의 소재로 삼아 팝아트라는 새

로운 장르를 창조해 낸 것이 전형적인 예이다. 팝아트가 출현하기 전 미술계에서는 추상성이 강조되어서 일반 대중이 이

└ 예시하기(10쪽)

해하기 힘든 예술 작품이 주류를 이루었다. 이러한 작품들은 소수의 사람들만이 즐기고 감상하는 고급 예술의 성격을 띠

었다. 반면에 워홀이나 리히텐슈타인 같은 미술가들은 대중에게 친숙한 소재를 가공하여 대중이 쉽게 접할 수 있는 예술

└ 비교 · 대조하기(14쪽)

장르를 만들었다. 마릴린 먼로나 앨비스 프레슬리 등의 대중문화 스타를 미술 작품으로 표현함으로써 고급문화의 엘리

트주의를 비판하며 예술의 영역을 넓힌 것이다.

└ 설명 덧붙이기(9쪽)

예술은 과학 기술을 새로운 표현 수단으로 확보하여 더욱 창조적인 작품을 생산해 낼 수 있게 되었다. 대표적인 예로

└ 예시하기(10쪽)

는 미디어 아트를 들 수 있다. 예술가들은 텔레비전, 비디오카메라, 컴퓨터와 같은 기계 매체를 예술 표현의 수단으로 삼

아 미디어 아트라는 장르를 탄생시켰다. 미디어 아트에서는 소리, 빛, 영상을 활용하여 설치하는 장소나 결합하는 장르

에 따라 다양한 효과를 낼 수 있다. 이로써 대중들은 더욱 새롭고 다양한 문화를 접할 수 있게 되었다.

현대는 문화 예술 융합의 시대이다. 장르와 장르, 현대와 고전, 예술과 과학 등이 융합하여 현대 예술의 다양한 흐

┌ 전망하기(27쪽)

름을 형성하고 있다. 이러한 상황으로 미루어 볼 때 분야 간의 융합과 이로 인한 새로운 장르의 탄생은 앞으로도 계속

└ 현황 제시하기(12쪽)

될 전망이다.

현대	동서양	작품	탄생하다	접근성	높이다	영역
확장하다	혁신	계기	출현하다	추상성	주류	워홀
리히텐슈타인	친숙하다	가공하다	접하다	마릴린 먼로	앨비스 프레슬리	엘리트주의
미디어 아트	매체	영상	활용하다	시대	고전	흐름
형성하다						

✔ 윗글을 읽고 다음 질문의 답을 찾아보자.

1. 서로 융합되는 예술 장르에는 어떤 것이 있습니까?

2. 장르 융합 예술은 어떤 점에서 의의가 있습니까?

3. 장르 융합 예술의 두 가지 예는 무엇입니까?

✔ 다음 표를 사용해 글의 내용을 정리해 보자.

장르 융합 예술

| 서론 | • 장르 융합의 현황 |
| | • 장르 융합 예술의 의의 |

| 본론 1 | • 팝아트의 의의 |

| 본론 2 | • 미디어 아트의 의의 |

| 결론 | • 장르 융합 예술에 대한 전망 |

☑ 빈칸에 알맞은 표현을 써 보자.

　장르 융합 예술은 대중문화와 고급문화의 경계를 허물었다. 대중문화의 아이콘을 예술의 소재로 삼아 팝아트라는 새로운 장르를 창조해 낸 것　　　　　　　　　　. 팝아트가 출현하기 전 미술계에서는
└ 예시하기(10쪽)
추상성이 강조되어서 일반 대중이 이해하기 힘든 예술 작품이 주류를 이루었다. 이러한 작품들은 소수의 사람들만이 즐기고 감상하는 고급 예술의 성격을 띠었다.　　　　　　　워홀이나 리히텐슈타인 같은 미술가들은
└ 비교·대조하기(14쪽)
대중에게 친숙한 소재를 가공하여 대중이 쉽게 접할 수 있는 예술 장르를 만들었다. 마릴린 먼로나 앨비스 프레슬리 등의 대중문화 스타를 미술 작품으로 표현함으로써 고급문화의 엘리트주의를 비판하며 예술의 영역을
넓히다　　　　　　　　　　　　　　　.
└ 설명 덧붙이기(9쪽)

☑ 빈칸에 알맞은 내용을 써 보자.

　예술은 과학기술을 새로운 표현 수단으로 확보하여 더욱 창조적인 작품을 생산해 낼 수 있게 되었다. 대표적인 예로는 미디어 아트를 들 수 있다. 예술가들은 텔레비전, 비디오카메라, 컴퓨터와 같은 기계 매체를 예술 표현의 수단으로 삼아 미디어 아트라는 장르를 탄생시켰다. 미디어 아트에서는

　　　　　　　　　　　　　　　　　. 이로써

　　　　　　　　　　　　　　　　　.

✔ '미디어 아트'라는 제목의 글을 쓰기 위해 필요한 내용을 써 보자.

미디어 아트

서론

- 미디어 아트의 정의
- 대표적인 작품
- 미디어 아트의 의의

미디어 아트란 ＿＿＿＿＿＿＿＿＿＿을/를 말한다. ＿＿＿＿＿＿＿＿의 대

표적인 예로는 ＿＿＿＿＿＿＿＿＿을/를 들 수 있다. 이렇게 미디어 아트는 ＿＿＿＿

＿＿＿＿＿＿＿＿＿＿＿＿＿＿＿＿＿는다는 점에서 의의가 있다.

본론 1

- 기존 장르와의 비교

미디어 아트는 ＿＿＿＿＿＿＿＿＿＿＿＿＿＿＿＿＿＿＿＿＿＿는

다는 점에서 기존 장르와 차이가 있다. 이렇게 새로운 표현 수단과 방법을 통해서 다양한 효과

를 동시에 제공할 수 있다는 것이 미디어 아트의 장점이다. ＿＿＿＿＿＿＿＿＿

＿＿＿＿＿＿＿＿＿＿＿＿＿＿＿＿＿＿는 것이다.

본론 2

- 미디어 아트의 의의: 예술의 영역 확대

미디어 아트는 전자매체를 예술의 수단으로 삼음으로써 예술에 대한 우리의 생각을 바꾼다

는 점에서 의의를 가진다. 텔레비전과 같은 일상적인 것들이 ＿＿＿＿＿＿＿＿＿

＿＿＿＿＿＿＿＿＿＿＿＿＿＿＿＿＿＿＿. 이로 인해

＿＿＿＿＿＿＿＿＿＿＿＿＿＿＿＿＿＿는 것이다.

결론

- 미디어 아트의 현황
- 앞으로의 전망

＿＿＿＿＿＿＿＿＿＿＿＿＿＿＿＿＿＿＿＿＿＿＿

고 있다. 앞으로 ＿＿＿＿＿＿＿＿＿＿＿＿＿＿＿＿＿＿＿＿＿＿

＿＿＿＿＿＿＿＿＿＿＿＿＿＿＿＿＿＿＿＿＿을 것이다.

표의 내용을 바탕으로 글을 써 보자.

미디어 아트

5

공정무역

✓ 다음을 보고 이야기해 보자.

착한 커피

공정한 먹거리

정직한 거래 정직한 맛

함께 만들고, 나누고, 살리는 공생의 시작

1. 위의 글은 커피를 광고하는 말입니다. 커피 광고에 왜 이런 표현을 사용하는지 이야기해 봅시다.

2. 커피 한 잔에 4,000원이라고 할 때 수익을 어떻게 나누어야 한다고 생각합니까?

<실제 커피 수익 분배 구조의 예>

커피 재배 농민	20원
1, 2, 3차 유통업자	700원
커피 회사	2,980원
소매업자	300원

✔️ 다음을 보고 이야기해 보자.

커피는 매년 전 세계에서 4~5억 잔 정도가 소비된다고 한다. 이를 통해 발생하는 이익 중 99%는 미국의 거대 커피 회사와 유통업자, 그리고 소매업자가 가져간다. 반면에 커피를 직접 생산하는 농민들에게 돌아가는 이익은 1%에 불과하다.

초콜릿을 만드는 원료인 카카오를 따기 위해 서아프리카의 어린이들은 매일 카카오 농장에서 10시간 이상 일해야 한다. 맨손으로 농약을 뿌리기도 한다. 하지만 이 어린이들은 노동에 대한 임금은 거의 받지 못한다.

1. 위의 글에서 이야기하는 문제는 무엇입니까? 그 원인은 무엇이라고 생각합니까?

2. 이러한 문제를 해결할 수 있는 방법은 무엇입니까?

공정무역

공정무역이란 제3세계의 생산자가 정당한 임금을 지불받을 수 있도록 하여 불공정한 무역 관계를 개선하려는 사회
└ 정의하기(8쪽)

운동을 말한다. 공정무역 운동은 초국적 기업의 노동 착취, 아동 노동의 문제점을 개선하려는 데서 시작되었다. 현재는
└ └

'세계공정무역기구'를 중심으로 73개국 450여 개의 무역 단체가 생산자와 무역 단체, 소비자 모두를 위한 대안적인 무

역 체제를 추진해 가고 있다.
└ 현황 제시하기(12쪽)

기존 무역구조의 문제는 초국적 기업이 제3세계 생산자의 노동을 착취하여 이윤을 독점한다는 것이다. 한 통계에 따
└ 문제점 지적하기(16쪽)

르면 커피 한 잔을 4,000원이라고 했을 때 커피 재배 농민에게 돌아가는 수익은 20원밖에 되지 않는다고 한다. 커피 생
└ 인용하여 현황 제시하기(12쪽)

산자는 커피 생산 비용을 충당하고 생계를 유지하기 위해 더욱 더 열악한 노동 환경에 내몰리게 된다. 반면에 공정무역
└ 비교 · 대조하기(14쪽)

체제에서는 초국적 기업을 배제하고 대안적인 무역 단체를 설립하여, 상품에 대한 정당한 임금을 지불하기 때문에 생산

자의 삶의 질을 높일 수 있다.

공정무역은 생산자뿐만 아니라 소비자에게도 혜택을 준다. 초국적 기업 중심의 무역구조에서는 여러 단계의 복잡한

유통 과정을 거치기 때문에 식품이 변질되지 않도록 합성 첨가제를 많이 쓰게 된다. 이에 반해서 공정무역 체제에서는
└ 비교 · 대조하기(14쪽)

유통 과정을 최소화하려고 노력하기 때문에 인체에 유해한 성분이 포함되지 않은 안전한 식품을 공급받을 수 있다. 또

한 공정여행은 여행자가 관광지의 상품과 서비스를 단순히 소비하는 데서 벗어나 현지인과 더불어 그들의 삶의 터전에

서 현지의 문화를 체험할 수 있게 해 준다. 이처럼 공정무역은 소비자에게 더욱 안전하고 질 높은 상품과 서비스를 공급
└ 의의 제시하기(26쪽)

한다는 점에서 의미가 있다.

제3세계의 공예품이나 식품을 대상으로 시작된 공정무역 운동은 대상 제품이나 서비스를 더욱 확대해 가고 있는 추
└ 현황 제시하기(12쪽)

세이다. 또한 제3세계의 생산자 스스로 협동조합을 통해 생산 및 무역 기반을 갖추어 가고 있다. 더 나아가 생산과 유
└ 현황 제시하기(12쪽)

통, 소비의 전 단계가 공정하게 이루어지는 공정무역 마을이 설립되어 운영되고 있다. 이러한 움직임이 계속된다면 대안
└ 현황 제시하기(12쪽)

적인 무역 체제를 확립할 수 있을 것이다.
└ 전망하기(27쪽)

사회운동	착취	아동	세계공정무역기구	대안적	체제	이윤
독점하다	수익	충당하다	생계	열악하다	내몰리다	배제하다
설립하다	혜택	성분	포함되다	공급받다	벗어나다	더불어
터전	현지	체험하다	공예품	대상	협동조합	기반
갖추다	운영되다					

✔ 윗글을 읽고 다음 질문의 답을 찾아보자.

1. 공정무역은 처음에 어떻게 시작되었습니까?

2. 공정무역의 현황은 어떻습니까?

3. 공정무역이 생산자의 삶의 질을 높일 수 있는 이유는 무엇입니까?

4. 소비자가 공정무역으로 얻을 수 있는 혜택은 무엇입니까?

다음 표를 사용하여 글의 내용을 정리해 보자.

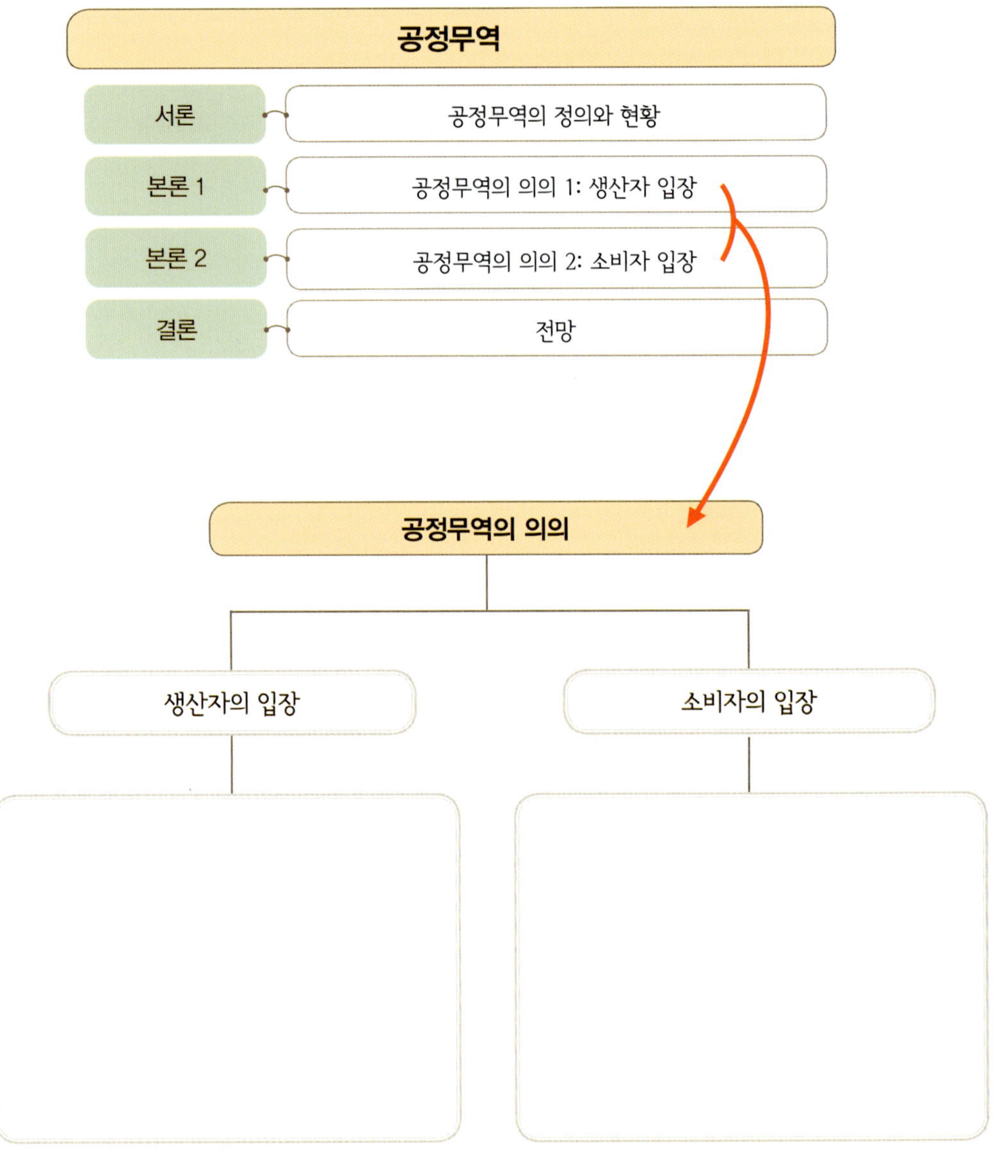
공정무역
서론	공정무역의 정의와 현황
본론 1	공정무역의 의의 1: 생산자 입장
본론 2	공정무역의 의의 2: 소비자 입장
결론	전망
공정무역의 의의
생산자의 입장
소비자의 입장

✔ 빈칸에 알맞은 표현을 써 보자.

공정무역 ________ 제3세계의 생산자가 정당한 임금을 지불받을 수 있도록 하여 불공정한 무역 관계를 개선하
└ 정의하기(8쪽)

려는 사회운동 ____________________. 공정무역 운동은 현재 '세계공정무역기구'를 중심으로 73개국 450여

개의 무역 단체가 생산자와 무역 단체, 소비자 모두를 위한 대안적인 무역체제를 추진해 가다 __________.
└ 현황 제시하기(12쪽)

기존 무역구조 ____________________ 초국적 기업이 제3세계 생산자의 노동을 착취하여 이윤을
└ 문제점 지적하기(16쪽)

독점하다 ____________. 한 통계 ____________ 커피 한 잔을 4,000원이라고 했을 때
└ 인용하여 현황 제시하기(12쪽)

커피 재배 농민에게 돌아가는 수익은 20원밖에 되지 않는다 ______________.

✔ 빈칸에 알맞은 내용을 써 보자.

공정무역은 생산자뿐만 아니라 소비자에게도 혜택을 준다. 초국적 기업 중심의 무역구조에서는 여러 단계

의 복잡한 유통 과정을 거치기 때문에 식품이 변질되지 않도록 합성 첨가제를 많이 쓰게 된다. 이에 반해서

____________________________. 또한 공정여행은 여행자가 관광지

의 상품과 서비스를 단순히 소비하는 데서 벗어나 현지인과 더불어 그들의 삶의 터전에서 현지의 문화를 체험할

수 있게 해 준다. 이처럼 공정무역은 ____________________________는다는

점에서 의미가 있다.

✔ '공정여행'이라는 제목의 글을 쓰기 위해 필요한 내용을 써 보자.

공정여행

서론

- 공정무역의 정의
- 공정무역의 종류 - 공정여행

____을
공정무역이라고 한다. 공정무역의 한 종류인 공정여행은 _______________________
_______________________________을 의미하는 것으로 착한 여행, 책임여행이라고도 한다.

본론 1

- 기존 관광 산업의 문제점
- 일반 여행과의 차별성

　　많은 관광지가 무분별한 관광지 개발로 _______________________________________
위기에 쳐해 있다. 또한 현재의 관광산업 구조에서 대부분의 관광 수입은 현지인이 아닌 다국
적 기업이 가져간다. 반면에 공정 여행은 _______________________________________
_______________________________는다는 점에서 일반 여행과 차이가 있다.

본론 2

- 공정여행의 의의

　　공정여행은 대기업이 운영하는 호텔보다는 현지인이 운영하는 숙소, 음식점을 이용하여 ____
_______________________________. 또한 대중교통과 자전거를 이용하여
____
_______________________________는다는 점에서 의의가 있다.

결론

- 앞으로의 전망: 공정여행의 확대
- 공정여행의 의의 강조

✔ 표의 내용을 바탕으로 글을 써 보자.

공정여행

6

문화를 바라보는 관점

✔ 다음의 질문에 대해 이야기해 보자.

1. 여러분이 접한 외국 문화 중에서 인상 깊었던 것은 무엇입니까?

- 인도에서는 "아니요"라고 말할 때 고개를 끄덕이고, "네"라고 말할 때는 고개를 옆으로 흔든다.

-

-

2. 여러분 나라의 고유한 문화라고 생각하는 것은 무엇입니까?

- 한국: 한국 고유의 문자, 한글은 독창적이고 과학적이다.

-

-

3. 이해되지 않는 다른 나라의 문화가 있습니까?

-

-

-

자신의 문화적 관점을 확인해 보자.

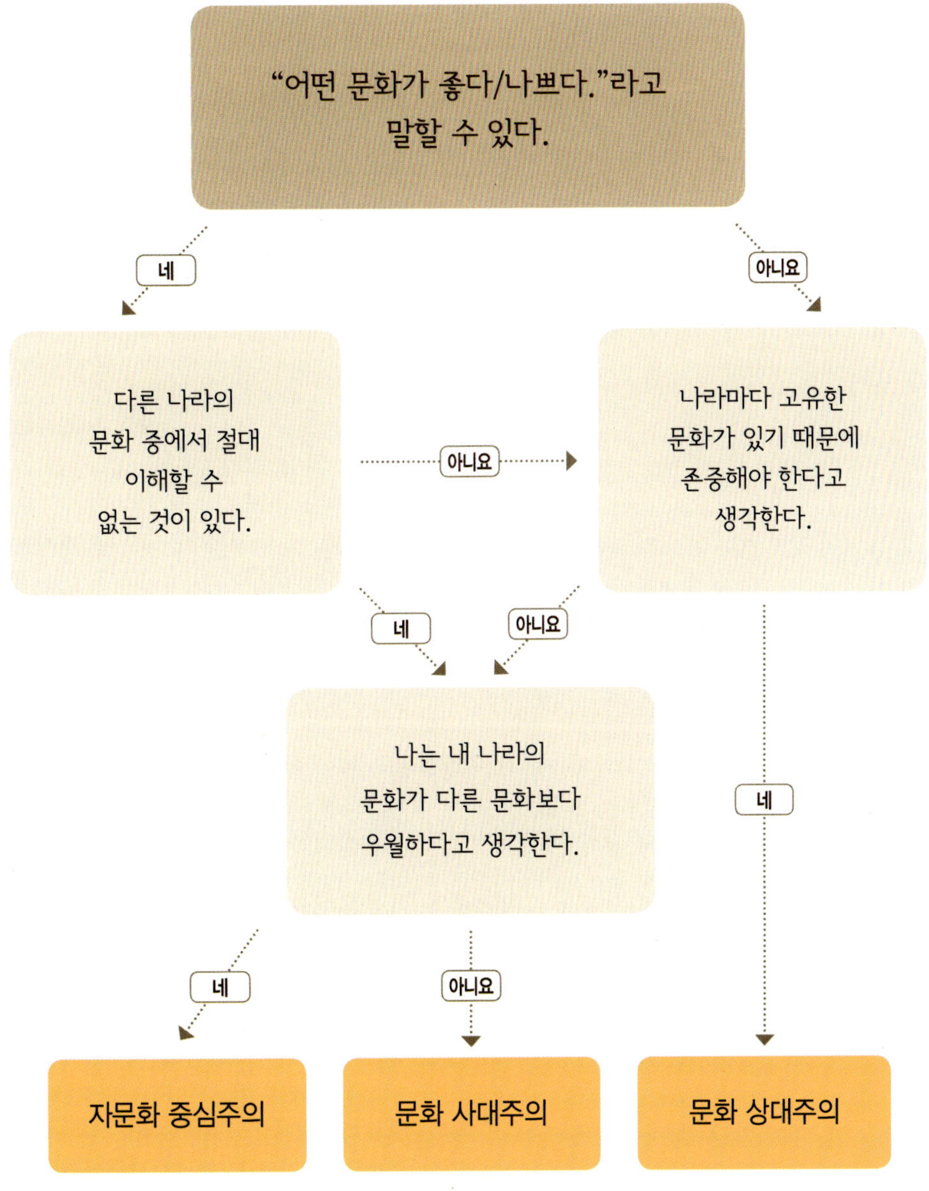

"어떤 문화가 좋다/나쁘다."라고 말할 수 있다.
네
아니요
다른 나라의 문화 중에서 절대 이해할 수 없는 것이 있다.
아니요
나라마다 고유한 문화가 있기 때문에 존중해야 한다고 생각한다.
네
아니요
나는 내 나라의 문화가 다른 문화보다 우월하다고 생각한다.
네
네
아니요
자문화 중심주의
문화 사대주의
문화 상대주의

문화를 바라보는 관점

모든 문화는 자연환경과 역사적 경험에 따라 각각의 고유한 특징이 있다. 이런 맥락에서 문화의 고유성을 인정하는 관

점을 문화 상대주의라고 한다. 이와 달리 어느 한 문화의 특성을 절대적인 것으로 여겨 문화 간의 우열이 있다고 보는 관
　　└─ 정의하기(8쪽) ─┘　　　└─ 비교·대조하기(14쪽)

점을 문화 절대주의라고 한다. 문화 절대주의는 크게 자문화 중심주의와 문화 사대주의로 나눌 수 있다.
　　└─ 정의하기(8쪽) ─┘　　　　└─ 분류하기(11쪽)　　┘　　　　└─ 나눌 수 있다.

자문화 중심주의는 자기 문화의 가치를 기준으로 다른 문화를 바라보고 평가하는 태도를 말한다. 즉, 자문화를 우월
　　　└─ 정의하기(8쪽)　　　　　　　　　　　　　└─ 설명 덧붙이기(9쪽)

하게 생각하여 타문화를 열등하다고 보는 것이다. 지난 2001년 탈레반 정권이 세계문화유산인 바미얀 석불을 폭파한 일

이 있었는데 이는 극단적인 자문화 중심주의를 보여 주는 대표적인 예이다. 이슬람 문화만을 절대적인 가치로 여기기 때
　　　　　　　　　　　　　　　　　　　　　　└─ 예시하기(10쪽)

문에 불교문화 유산의 가치를 인정하지 않은 것이다. 탈레반의 문화 파괴 행위는 세계적인 비판과 반발을 불러일으켰다.
　　　　　　　　　　　　　　　└─ 설명 덧붙이기(9쪽)

이처럼 자문화 중심주의는 타문화를 무시하고 차별하므로 민족적, 국가적인 갈등을 낳을 위험이 있다.
　　　　　　　　　　　　　　　　　　　　　　　　　└─ 문제점 지적하기(16쪽)

자문화를 비하하고 다른 사회의 문화를 맹목적으로 추종하는 것을 문화 사대주의라고 한다. 문화 사대주의는 특정한
　　　　　　　　　　　　　　　　　　　　└─ 정의하기(8쪽)

문화를 아무런 비판 없이 수용하여 자신의 문화 정체성을 잃을 우려가 있다. 제2차 세계대전 당시 식민지에서는 일부 지
　　　　　　　　　　　　　　　　　　└─ 문제점 지적하기(16쪽)

배층이 침략국의 문화가 절대적인 우위를 가진다고 생각하여 자국의 문화를 경시하고 배척하였다. 그 결과 전통 문화가

왜곡되고 전승되지 못하기에 이르렀다.
　　　　　　　　└─ 현황 제시하기(12쪽)

문화 절대주의와는 달리 그 지역 사람들의 삶, 가치관, 환경 등을 고려하여 하나의 문화를 고유한 것으로 이해하는 태
　　　　└─ 비교·대조하기(14쪽)

도를 문화 상대주의라고 한다. 각 문화의 고유성을 존중하기 때문에 문화 간에는 우열이 없다고 생각하는 것이다. 그러
　　└─ 정의하기(8쪽)　　　　　　　　　　　　　　　　　　　　　└─ 설명 덧붙이기(9쪽)

므로 다양한 문화가 공존할 수 있는 장점이 있다. 더 나아가 타문화를 받아들여 자문화를 더욱 발전시키는 기회가 되기

도 한다. 서양의 헬레니즘 문화는 그리스 문화와 오리엔탈 문화가 서로의 장점을 인정하고 받아들여 만들어진 것이다.

현대사회는 세계화가 급속히 진행되어 다른 문화를 접할 기회가 많아졌다. 이러한 상황에서는 자문화 중심주의나 문

화 사대주의가 아닌 문화 상대주의적인 입장이 필요하다. 문화 상대주의는 다른 문화를 이해하고 다양한 문화를 발전

시키는 데 도움을 주기 때문이다.

맥락	절대적	여기다	우열	열등하다	탈레반 정권
세계문화유산	바미얀 석불	폭파하다	극단적	파괴	반발
불러일으키다	무시하다	비하하다	맹목적	추종하다	제2차 세계대전
식민지	지배층	침략국	경시하다	배척하다	왜곡되다
전승되다	고려하다	받아들이다	헬레니즘 문화	그리스 문화	오리엔탈 문화
급속히	입장				

✔ 윗글을 읽고 다음 질문의 답을 찾아보자.

1. 자연환경과 역사적 경험에 따라 모든 문화는 고유성을 가진다는 입장을 무엇이라고 합니까?

2. 자기 문화의 가치를 기준으로 다른 문화를 바라보고 평가하는 태도를 무엇이라고 합니까?

3. 문화 사대주의의 문제점은 무엇입니까?

4. 글에 제시된 문화 상대주의의 예는 무엇입니까?

다음 표를 사용해 글의 내용을 정리해 보자.

문화를 바라보는 관점

서론 → 문화 상대주의와 문화 절대주의의 정의
본론 1 → 자문화 중심주의의 예와 단점
본론 2 → 문화 사대주의의 예와 단점
본론 3 → 문화 상대주의의 장점과 예
결론 → 문화 상대주의의 필요성

문화를 바라보는 관점

문화 절대주의
• 정의

문화 상대주의
• 정의
• 예
• 장점

자문화 중심주의
• 정의
• 예
• 단점

문화 사대주의
• 정의
• 예
• 단점

✔ 빈칸에 알맞은 표현을 써 보자.

자문화 중심주의   자기 문화의 가치를 기준으로 다른 문화를 바라보고 평가하는 태도   .
        └ 정의하기(8쪽)

      , 자문화를 우월하게 생각하여 타문화를 열등하다고 **보다**   . 지난 2001년
└ 설명 덧붙이기(9쪽)

탈레반 정권이 세계문화유산인 바미얀 석불을 폭파한 일이 있었는데 이는 극단적인 자문화 중심주의를 보여

주는   . 이슬람 문화만을 절대적인 가치로 여기기
        └ 예시하기(10쪽)

때문에 불교문화 유산의 가치를 **인정하지 않다**   . 탈레반의 문화
                └ 설명 덧붙이기(9쪽)

파괴 행위는 세계적인 비판과 반발을 불러일으켰다. 이처럼 자문화 중심주의는 타문화를 무시하고 차별하므

로 민족적, 국가적인 갈등을 **낳다**   .
            └ 문제점 지적하기(16쪽)

✔ 빈칸에 알맞은 내용을 써 보자.

                                                                      는

것을 문화 사대주의라고 한다. 문화 사대주의는

우려가 있다. 제2차 세계대전 당시 식민지에서는 일부 지배층이 침략국의 문화가 절대적인 우위를 가진다고

생각하여 자국의 문화를 경시하고 배척하였다. 그 결과

                              기에 이르렀다.

✔ '문화 상대주의'라는 제목의 글을 쓰기 위해 필요한 내용을 써 보자.

문화 상대주의

서론

- 국가 간, 문화 간 교류 현황
- 문화 상대주의적 입장의 필요성

본론 1

- 문화 상대주의의 정의
- 문화 절대주의와의 비교
- 문화 상대주의의 예

　　문화 상대주의란 ____.

　　이러한 입장은 ____________________________ 문화절대주의와 다르다. 문화 상대주

　　의의 대표적인 예로는 ____.

본론 2

- 문화 상대주의의 장점
- 문화 상대주의의 필요성

　　문화 상대주의의 장점은 ____________________________________. 또한

　　____________________________________. 이러한 점에서 문화 상대주의적

　　입장으로 다른 문화를 대하면 문화 간 갈등이 줄어들고 타문화에 대한 이해를 넓힐 수 있다.

결론

- 앞으로의 전망: 국가 간, 문화 간 교류의 증가
- 문화 상대주의적 입장의 중요성

　　앞으로 ____.

　　이는 문화 간 갈등과 충돌이 일어날 가능성이 많아지는 것을 의미한다. 따라서 ________

　　____________________________________.

문화 상대주의

✔ 다음을 보고 이야기해 보자.

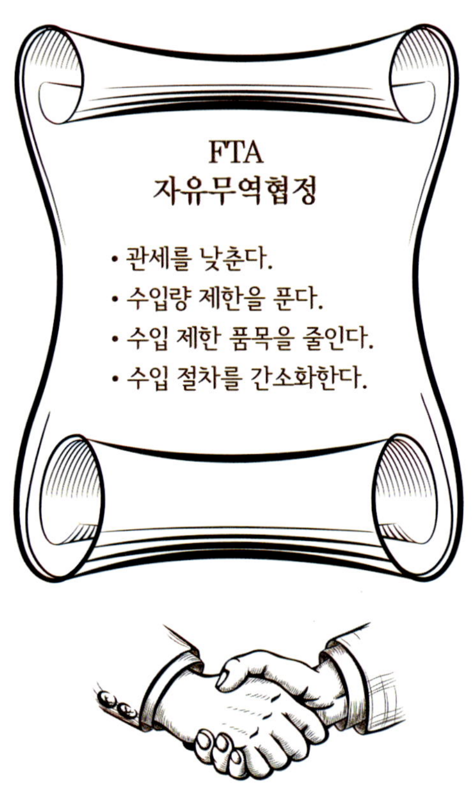

1. 국가 간에 이러한 협정을 맺는 이유는 무엇입니까?

2. 협정을 맺으면 어떤 결과가 생길 것 같습니까?

1. 자유무역협정(FTA)의 장점과 단점은 무엇입니까?

2. 여러분은 자유무역협정(FTA)에 찬성합니까, 반대합니까? 그 이유는 무엇입니까?

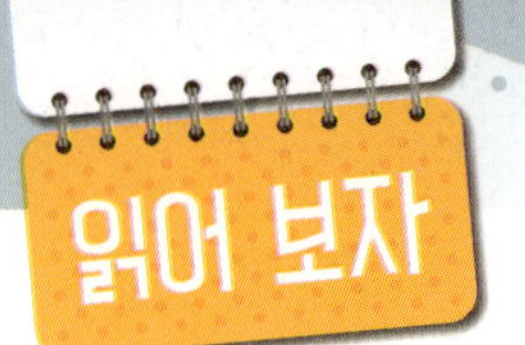

자유무역협정

자유무역협정(Free Trade Agreement, FTA)은 국가 간의 무역 장벽을 낮추어 보다 자유롭게 경제적 교류를 하기 위
└ 정의하기(8쪽)

해 맺는 협약을 말한다. 즉, 관세나 수입량 제한 같은 규제를 없애서 국가 간의 수출과 수입을 활발하게 하는 것이다.
└ 설명 덧붙이기(9쪽)

2000년 이후 시작된 FTA 협상은 현재 전 세계적으로 활발하게 진행 중이다. 가장 적극적으로 FTA를 추진하고 있는 유

럽연합(EU), 칠레, 터키는 2012년을 기준으로 각각 26개국, 23개국, 20개국과 FTA를 체결하였다. 이외에도 미국, 캐나

다, 인도네시아, 멕시코 등의 나라들도 FTA를 적극적으로 추진하고 있는 추세이다.
└ 현황 제시하기(12쪽)

자유무역협정을 체결하게 되면 관세가 없어지거나 낮아지기 때문에 수입과 수출이 자유로워지면서 시장의 규모가 크

게 확대된다. 이에 따라 상대 국가보다 비교 우위에 있는 상품의 수출이 증가하고 상대국에 비교 우위가 있는 상품을

이전보다 저렴하게 수입할 수 있게 된다. 그뿐만 아니라 우수한 병원, 학교, 로펌이 국경을 뛰어넘어 상대국에서도 자유

롭게 활동할 수 있다. 이처럼 자유무역협정은 소비자들이 예전보다 질 높은 상품과 서비스를 이용할 수 있게 된다는 점
└ 의의 제시하기(26쪽)

에서 의의가 있다.

반면에 상대국에 비교 우위가 없는 상품은 경쟁에서 밀릴 위험이 있다. 실제로 한국의 농축산물 산업의 경우에도 미국
└ 비교 · 대조하기(14쪽)   근거 제시하기(사례)(23쪽)
          └ 문제점 지적하기(16쪽)

의 기계화된 생산 과정과 대량 생산을 이겨낼 경쟁력을 갖기 힘들기 때문에 위기에 처해 있다. FTA가 대외 수출을 늘릴
└ 문제점 지적하기(16쪽)

수 있는 좋은 수단이기는 하지만 대외 수출로 이익을 볼 수 있는 집단은 극소수에 불과하다. 무역 강대국이나 다국적 기

업이 이익을 독점하기 때문에 경제 불균형이 더욱 심해질 것이다.

현재 상황으로 미루어 볼 때 국가 간, 지역 간 자유무역협정은 앞으로 더욱 확대될 전망이다. 따라서 경쟁력을 갖춘
└ 전망하기(27쪽)

산업의 수출을 늘리고 경쟁력이 없는 산업을 보호하는 정책이 필요하다. 또한 FTA로 인해 생긴 경제적 이익이 공평하게

분배될 수 있도록 제도적 장치를 마련할 필요가 있다.

장벽	낮추다	교류	맺다	협약	관세	수입
량	규제	활발하다	협상	시장	규모	상대
증가하다	이전	저렴하다	로펌	국경	뛰어넘다	대외
극소수	불과하다	강대국	다국적 기업	불균형	보호하다	정책
공평하다						

✔ 윗글을 읽고 다음 질문의 답을 찾아보자.

1. 자유무역협정은 무엇입니까?

2. 자유무역협정의 의의는 무엇입니까?

3. 자유무역협정을 체결하면 어떤 문제점이 생길 수 있습니까?

자유무역협정

서론	• 자유무역협정의 정의 • 자유무역협정의 현황

본론 1	• 자유무역협정의 장점 및 의의

본론 2	• 자유무역협정의 문제점

결론	• 자유무역협정의 확대

✔ 빈칸에 알맞은 표현을 써 보자.

반면에 상대국에 비교 우위가 없는 상품은 경쟁에서 **밀리다**   .
                        └ 문제점 지적하기(16쪽)

                    한국의 농축산물 산업   미국의 기계화된 생산 과정과 대량 생산을
└ 근거 제시하기(사례)(23쪽)

이겨낼 경쟁력을 갖기 힘들기 때문에   . FTA가
                  └ 문제점 지적하기(16쪽)

대외 수출을 늘릴 수 있는 좋은 수단이기는 하지만 대외 수출로 이익을 볼 수 있는 집단은 극소수에 불과하다.

무역 강대국이나 다국적 기업이 이익을 독점하기 때문에 경제 불균형이 더욱 심해질 것이다.

✔ 빈칸에 알맞은 내용을 써 보자.

자유무역협정(Free Trade Agreement, FTA)은

                 . 즉,   .

2000년 이후 시작된 FTA 협상은 현재 전 세계적으로 활발하게 진행 중이다. 가장 적극적으로 FTA를 추진

하고 있는 유럽연합(EU), 칠레, 터키는 2012년을 기준으로 각각 26개국, 23개국, 20개국과 FTA를 체결하

였다. 이외에도   .

✔ '자유무역협정의 문제점'이라는 제목의 글을 쓰기 위해 필요한 내용을 써 보자.

자유무역협정의 문제점

서론

- 자유무역협정의 정의
- 자국의 자유무역협정 현황

＿＿＿＿＿＿＿＿＿＿＿＿＿＿＿＿＿＿＿＿＿＿을/를 ＿＿＿＿＿＿＿＿＿＿＿＿

＿＿＿＿＿＿＿이라고 한다. 통계에 따르면 ＿＿＿＿＿＿＿＿＿＿＿＿＿＿＿

＿＿＿＿＿＿＿＿＿＿＿. 이렇게 많은 국가들이 ＿＿＿＿＿＿＿＿＿＿＿＿＿

＿＿＿＿＿＿＿＿＿＿＿＿＿＿＿＿＿＿＿＿＿＿＿＿고 있는 추세이다.

본론 1

- 자유무역협정의 문제점 1: 경쟁력이 약한 산업에 미치는 영향

그러나 자유무역협정은 ＿＿＿＿＿＿＿＿＿＿＿＿＿＿＿＿＿＿＿＿＿＿

＿＿＿＿＿＿＿＿＿＿＿＿＿＿＿＿＿＿＿＿＿에 부정적인 영향을 미친다.

이로 인해 ＿＿＿＿＿＿＿＿＿＿＿＿＿＿＿＿＿＿＿＿＿＿＿＿＿＿＿＿

＿＿＿＿＿＿＿＿＿＿＿＿＿＿을 위험이 있다. 실제로＿＿＿＿＿＿＿＿＿

＿＿＿＿＿＿＿＿＿＿＿＿＿＿＿＿＿＿＿＿＿＿＿＿＿＿＿＿＿＿＿＿＿.

본론 2

- 자유무역협정의 문제점 2: ＿＿＿＿＿＿＿＿＿＿＿＿＿＿＿＿＿＿＿＿＿

결론

- 자유무역협정의 전망
- 대책 마련의 필요성

자유무역협정의 문제점

소셜 네트워크 서비스(SNS)

✔ 다음 질문지를 사용해서 친구들의 SNS 사용 현황을 알아보자.

1. SNS를 사용합니까?
   □ 예(2.1로 가세요.)   □ 아니요(2.2로 가세요.)

2.1. 어떤 SNS를 사용합니까? ____

2.2. 왜 사용하지 않습니까?
   □ 귀찮아서
   □ 시간이 없어서
   □ 공부나 일에 방해가 돼서
   □ 모르는 사람이 나에 대해서 아는 것이 싫어서
   □ 기타: ____

3. SNS를 사용하는 주된 이유는 무엇입니까? 해당하는 것을 모두 고르십시오.
   □ 정보를 얻기 위해서
   □ 내 이야기를 알리기 위해서
   □ 친구들과 연락하기 위해서
   □ 쇼핑을 하기 위해서
   □ 기타: ____

4. SNS를 사용할 때 불편한 것이 무엇입니까? 해당하는 것을 모두 고르십시오.
   □ 광고가 너무 많아서
   □ 알리고 싶지 않은 것이 알려져서
   □ 원하지 않는 사람이 친구를 신청해서
   □ 다른 사람의 모습을 보면서 부러움과 질투를 느껴서
   □ 기타: ____

5. 계속 SNS를 사용할 계획입니까? 이유는 무엇입니까?
   □ 예
   □ 아니요
   이유: ____

✓ 다음을 보고 이야기해 보자.

<1>　얼마 전 한 할머니가 딸을 만나러 나갔다가 실종되는 사건이 있었다. 이 할머니는 치매를 앓고 있었는데, 하루가 지나도 찾을 수 없자 경찰은 SNS에 할머니를 찾는다는 글을 올렸다. 이 글은 SNS를 통해 빠르게 퍼졌고, 시민들의 적극적인 도움으로 결국 2시간 만에 할머니는 가족 품으로 돌아올 수 있었다.

<2>　SNS를 이용한 학교 폭력이 늘고 있다. 중학교에 다니는 A모 양은 남자친구와 찍은 사진을 SNS에 올렸다가 친구들로부터 SNS상에서 집단적으로 욕설과 놀림 등의 괴롭힘을 당했다. 지속적인 괴롭힘에 A양은 우울증 증세를 보여 병원 치료를 받고 있다.

<3>　요즘 직장인 B씨는 소셜커머스에 푹 빠져 있다. 소셜커머스란 일정한 수의 사람들이 함께 구매하면 상품이나 서비스를 할인된 가격에 구입할 수 있는 전자상거래의 한 종류를 말한다. 원하는 상품을 싸게 살 수 있다는 장점이 있지만, 높은 할인율 때문에 굳이 필요하지 않은 상품까지도 사고 싶은 유혹을 뿌리치지 못해 오히려 지출이 더 늘어나는 단점이 있다.

SNS 사용의 장점

- 정보를 쉽고 빠르게 전달할 수 있다.
-
-

SNS 사용의 단점

- 사실로 확인되지 않은 정보가 무분별하게 확산될 위험이 있다.
-
-

소셜 네트워크 서비스

SNS는 소셜 네트워크 서비스(Social Network Service)의 약자로, 모바일 기기 사용자들이 가상공간에서 사회적 관계
└ 정의하기(8쪽)

를 맺고 유지할 수 있게 하는 플랫폼을 의미한다. 트위터나 페이스북, 인스타그램, 미투데이가 그 대표적인 예이다. SNS
└ 예시하기(10쪽)

는 개방성 유무에 따라 폐쇄형과 개방형으로 분류할 수 있다. 폐쇄형 SNS는 그 그룹의 멤버들끼리만 정보를 공유할 수
└ 분류하기(11쪽)

있는 반면에 개방형 SNS는 전체 공개로 모든 사람이 정보에 접근할 수 있다는 점에서 다르다.
└ 비교 · 대조하기(14쪽)

최근에는 스마트폰 이용자가 늘어남에 따라 SNS 이용자 역시 급증하고 있는 추세이다. 트위터나 페이스북 이용자 수
└ 수치 강조하여 현황 제시하기(12쪽)　　　└ 현황 제시하기(12쪽)

는 한국에서만 이미 천만 명을 돌파했고 앞으로 더 늘어날 것이다. SNS를 통하여 사람들은 더 빠르고 손쉽게 정보를 공
└ 전망하기(27쪽)

유하고 인맥을 넓힐 수 있게 되었다. 그 외에도 SNS는 소셜커머스(Social-Commerce), 게임, 마케팅 등 사회 전반에 걸
└ 현황 제시하기(12쪽)

쳐 광범위하게 사용되고 있다.
└ 현황 제시하기(12쪽)

SNS의 가장 큰 장점은 시간과 장소의 제약 없이 실시간으로 소통이 가능하다는 것이다. 언어만 통한다면 전 세계 누

구와도 대화할 수 있고 친구가 될 수 있다. 또한 SNS를 통해서 정보와 지식을 빠르게 수집할 수 있다. 화재, 홍수 등의

재난이 발생했을 때 SNS는 방송보다 먼저 현장 상황을 알려 준다. 실제로 2013년 미국 샌프란시스코 공항에서 발생한
└ 근거 제시하기(사례)(23쪽)

여객기 착륙 사고의 경우에도 이 소식을 가장 먼저 전한 것은 SNS였다. SNS는 다양한 의견과 경험 등을 자유롭게 공유

하는 공간이므로 여론을 형성하는 데에도 매우 효과적이다.

그러나 SNS가 장점만 있는 것은 아니다. 이용자들이 자료를 공유하다 보면 원치 않게 사생활이 침해되거나 개인정보가

유출될 우려가 있다. 한국형사정책연구원의 조사 결과에 따르면 SNS 이용자 중 16.9%가 성 범죄, 사기, 스토킹 등의 범죄
└ 문제점 지적하기(16쪽)　　　　　　　　　　└ 인용하여 현황 제시하기(12쪽)

에 노출되어 피해를 입은 것으로 나타났다. 또한 정확하게 사실로 확인되지 않은 정보가 무분별하게 확산될 가능성도 있

다. SNS를 통해 간단하고 신속하게 정보를 습득할 수 있다 보니 문제 해결 능력과 판단력이 떨어지는 문제가 나타난다.
└ 문제점 지적하기(16쪽)

SNS는 이용자가 곧 정보의 생산자가 되는 구조의 변화를 가져왔다는 점에서 의의가 있다. 이러한 변화로 인해 정보
└ 의의 제시하기(26쪽)

의 공유와 여론의 형성이 손쉬워진 반면에 범죄에 악용될 위험도 증가하였다. 따라서 SNS 이용자의 책임 있는 의식과 태

도가 매우 중요하다.

가상공간	유무	정보	공개	늘어나다	급증하다	손쉽다
넓히다	소셜커머스	마케팅	걸치다	광범위하다	제약	실시간
통하다	지식	수집하다	화재	홍수	재난	현장
착륙	여론	유출되다	한국형사정책연구원	사기	스토킹	무분별하다
확산되다	악용되다	책임	의식	태도		

✔ 윗글을 읽고 다음 질문의 답을 찾아보자.

1. 모바일 기기 사용자들이 사회적 관계를 맺고 유지할 수 있게 하는 플랫폼을 무엇이라고 합니까?

2. SNS의 장점은 무엇입니까?

3. SNS의 단점은 무엇입니까?

다음 표를 사용하여 글의 내용을 정리해 보자.

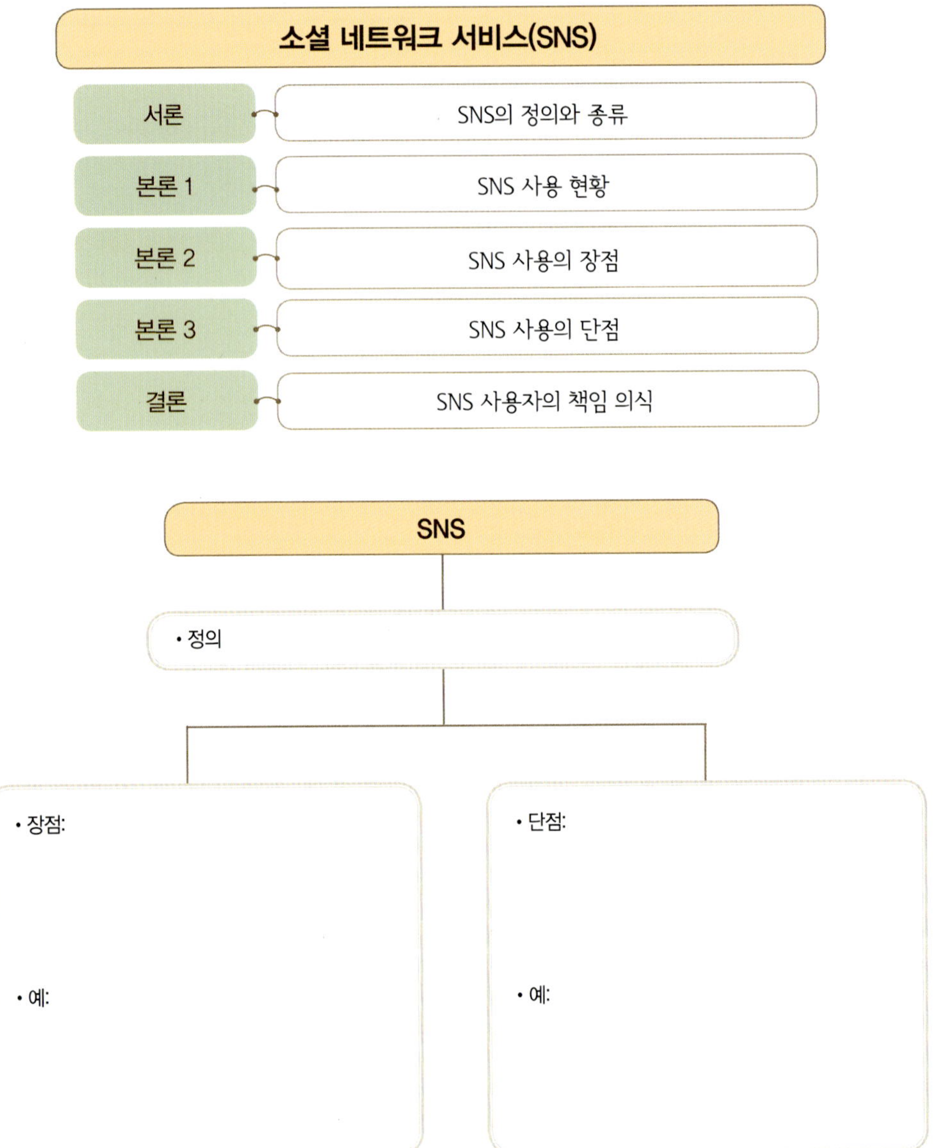
소셜 네트워크 서비스(SNS)
서론   SNS의 정의와 종류
본론 1   SNS 사용 현황
본론 2   SNS 사용의 장점
본론 3   SNS 사용의 단점
결론   SNS 사용자의 책임 의식

SNS
• 정의
• 장점:
• 예:
• 단점:
• 예:

☑ 빈칸에 알맞은 표현을 써 보자.

SNS   소셜 네트워크 서비스의 약자로, 모바일 기기 사용자들이 가상공간에서 사회적 관계를 맺고
   └ 정의하기(8쪽)
유지할 수 있게 하는 플랫폼   . 트위터나 페이스북, 인스타그램, 미투데이가
                                   . SNS는 개방성 유무   폐쇄형
 └ 예시하기(10쪽)   └ 분류하기(11쪽)
          개방형   . 폐쇄형 SNS는 그 그룹의 멤버들끼리만 정보
   └
를 공유할 수 있는   개방형 SNS는 전체 공개로 모든 사람이 정보에 접근할 수
            └ 비교·대조하기(14쪽)
있다   .
                                   └

☑ 빈칸에 알맞은 내용을 써 보자.

최근에는 스마트폰 이용자가 늘어남에 따라   는

추세이다. 트위터나 페이스북 이용자 수는 한국에서만 이미 천만 명을 돌파했고, 앞으로

                          을 것이다.

          게 되었다.

✔ 'SNS가 가져온 우리 생활의 변화'라는 제목의 글을 쓰기 위해 필요한 내용을 써 보자.

SNS가 가져온 우리 생활의 변화

서론	
본론 1	• 인간관계 형성의 변화
본론 2	
결론	

SNS가 가져온 우리 생활의 변화

Ⅱ. 읽고 쓰기 – 주장하는 글

사형제

✔ 다음을 보고 이야기해 보자.

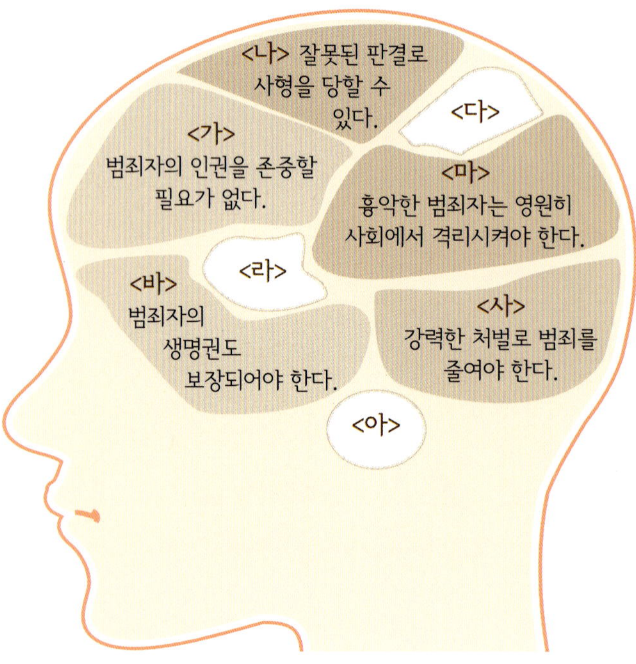

1. 한 조사에 따르면 한국인 10명 중 6명은 사형제도에 찬성한다고 나타났습니다. 여러분의 생각은 어떻습니까?

2. 위의 생각 중에서 동의하는 것을 찾아서 이야기해 봅시다.

3. 찬성 또는 반대의 이유를 더 생각해 봅시다.

✔ 다음을 보고 이야기해 보자.

<1> 2012년 미국의 한 극장에서 총으로 12명을 죽인 살인자가 무기징역을 선고 받았다. 12명으로 구성된 배심원 중 1명이 끝까지 사형에 반대했기 때문이다. 이 사건으로 6살 딸을 잃고 자신 역시 장애인이 된 A 씨는 눈물을 흘렸고, 손녀를 잃은 B 씨는 "사랑하는 손녀는 죽었는데 살인자는 숨을 쉬고 있다. 이것은 정의가 아니다."라며 판결을 비판했다.

<2> 2003년 고 모 씨의 어머니와 아내, 그리고 아들이 연쇄살인범에게 살해당했다. 그는 한동안 분노와 공포로 아무것도 할 수 없었다. 하지만 나중에 살인범이 잡히고 그에게도 아들이 있다는 것을 알게 되자 마음을 바꾸었다. 살인범을 사형시켜 비극이 계속되는 것을 원하지 않았던 것이다. 다른 가족이 반대했지만 그는 "반성할 기회를 주어야 한다."며 사형제 폐지 운동에 앞장섰다.

1. <1>번의 판결에 대해서 어떻게 생각합니까?

2. 여러분이 <2>번의 고 모 씨라면 어떻게 하겠습니까?

사형제를 폐지해야 한다

현재 사형을 완전히 폐지했거나 10년 이상 집행하지 않아 사실상 사형을 폐지한 국가는 모두 132개국이다. 사형

이 존치되고 있는 국가는 58개국이지만 지난 2012년 사형을 실제로 집행한 국가는 21개국밖에 되지 않는다고 한다.
└ 인용하여 현황 제시하기(12쪽)

이 통계는 사형제가 인간의 기본적인 권리인 생명권을 위협한다는 인식이 전 세계적으로 자리 잡아가고 있다는 것을 잘
└ 통계 자료 해석하기(22쪽)

보여 준다.

사형제는 국가 권력이 개인의 생명권을 빼앗는다는 점에서 합법적인 살인과 크게 다르지 않다. 사형제에 찬성하는 이
└ 비교・대조하기(14쪽)　　　　　　　　　　　　　　　　　　└ 반론하기(24쪽)

들은 다른 사람을 죽인 사람의 인권을 보장할 필요가 없다고 주장한다. 그러나 생명권은 인간의 기본적인 권리이기 때문

에 누구에게나 보장되어야 한다는 점에서 사형을 집행해서는 안 된다고 본다.

살인과 같은 흉악한 범죄를 예방하기 위해서 사형제가 필요하다는 주장이 있다. 그러나 실제로 사형제를 유지하고
└ 반론하기(24쪽)

있는 지역의 범죄율이 낮은 것은 아니므로 사형제가 범죄 예방의 역할을 할 수는 없다고 본다. 앰네스티에 의하면 2004
└ 근거 제시하기(통계)(22쪽)

년 미국에서 사형제도가 있는 주의 평균 살인 사건 발생률은 10만 명당 5.71건이었던 데 반해 사형제도가 없는 주에서
└ 비교・대조하기(14쪽)

는 4.02건이었다고 한다.

형벌의 궁극적인 목적이 단순한 처벌이 아니라 교화에 있다는 점에서도 사형제 폐지를 검토해야 한다. 범죄자를 강
└ 주장하기(18쪽)

제로 감옥에 가두거나 노동을 시키는 것은 범죄자가 자신의 죄를 반성하게 하여 올바른 길로 이끌기 위한 것이다. 죄

를 지었기 때문에 처벌을 해야 한다는 것은 인류 역사의 발전을 거스르는 것이다. 고대법에서는 '눈에는 눈, 이에는 이'

와 같은 보복이 허용되었다. 그러나 인류의 역사가 발전하면서 인간의 발전 가능성을 존중하는 차원에서 교화의 원리가

우선되어 왔다. 이런 점에서 사형은 인류 역사의 발전과 인간의 교화 가능성을 부정하는 것이기 때문에 폐지해야 한다.
└ 주장하기(18쪽)

현재와 같이 사형제를 유지하면서 사형 선고를 계속한다면 사형수만 계속 늘어나게 될 것이다. 국가가 사형을 집행하
└ 근거 제시하기(가정)(20쪽)

지 않는 것은 사형이 국가에 의한 합법적인 살인이라는 부담감 때문에 결정을 미루기 때문이다. 또한 사형제 폐지를 요

구하는 국제적 여론도 무시할 수 없다. 따라서 사형제 폐지를 적극적으로 추진해야 할 것이다.
└ 주장하기(글 마칠 때)(18쪽)

집행하다	존치되다	기본적	위협하다	권력	빼앗다	합법적
형벌	궁극적	처벌	교화	강제	감옥	가두다
반성하다	올바르다	이끌다	죄	인류	거스르다	고대법
보복	원리	선고	부담감	요구하다	국제적	

☑ 윗글을 읽고 다음 질문의 답을 찾아보자.

1. 사형제가 있는 국가는 58개국이지만 지난 2012년 사형을 실제로 집행한 국가는 21개국밖에 되지 않는다고 합니다. 이것은 무엇을 의미합니까?

2. 사형제를 찬성하는 사람들은 어떤 주장을 합니까?

3. 2번의 주장에 대해서 이 글에서는 어떻게 반론하고 있습니까?

4. 이 글에서는 형벌의 목적이 무엇이라고 봅니까?

다음 표를 사용해 글의 내용을 정리해 보자.

사형제를 폐지해야 한다
서론 　전 세계 사형 집행의 현황
본론 1 　사형제 유지 주장에 대한 반론 1
본론 2 　사형제 유지 주장에 대한 반론 2
본론 3 　사형제 폐지 주장에 대한 근거
결론 　사형제 폐지 주장의 강조

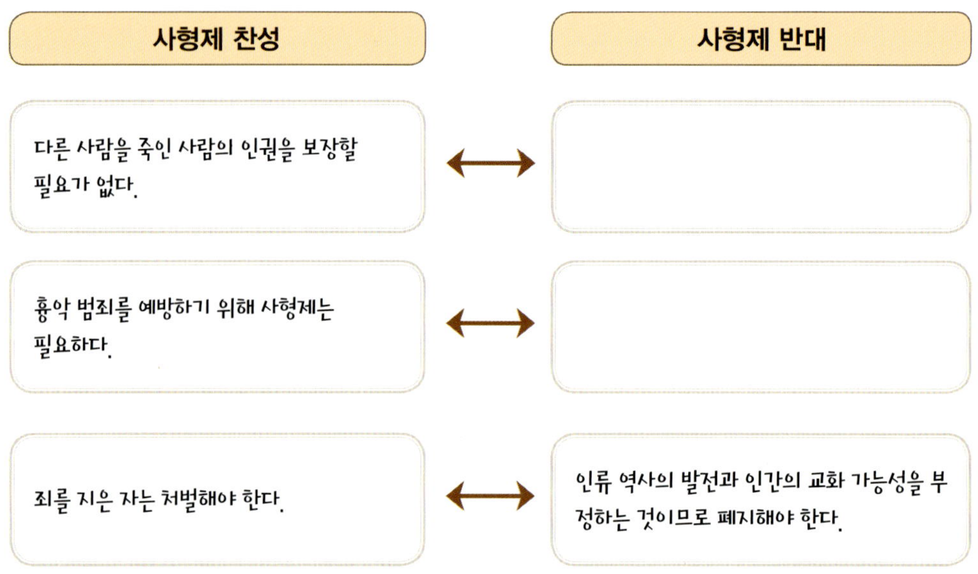
사형제 찬성
사형제 반대
다른 사람을 죽인 사람의 인권을 보장할 필요가 없다.
흉악 범죄를 예방하기 위해 사형제는 필요하다.
죄를 지은 자는 처벌해야 한다.
인류 역사의 발전과 인간의 교화 가능성을 부정하는 것이므로 폐지해야 한다.

✅ 빈칸에 알맞은 표현을 써 보자.

사형제　　국가 권력이 개인의 생명권을 **빼앗다**　　　　　　　　　　　　　　　　합
└ 비교·대조하기(14쪽)

법적인 살인　　　　　　　　　　　　　　　　　. 사형제
└ 반론하기(24쪽)

　　　　　　다른 사람을 죽인 사람의 인권을 보장할 필요가 **없다**　　　　　　　　.

　　　　　생명권은 인간의 기본적인 권리이기 때문에 누구에게나 **보장되어야 한다**

　　　　　　사형을 집행해서는 **안 된다**　　　　　　　　　　　　　.

✅ 빈칸에 알맞은 내용을 써 보자.

살인과 같은 흉악한 범죄를 예방하기 위해서 사형제가 필요하다는 주장이 있다. 그러나

는다고 본다.

에 의하면　　　　　　　　　　　　　　　　　　　　　　　　는다고

한다.

☑ '사형제를 유지해야 한다'라는 제목의 글을 쓰기 위해 필요한 내용을 써 보자.

사형제를 유지해야 한다

서론

- 강력 범죄의 증가
- 사형제 유지의 필요성

최근 ____는 추세이다.

이에 따라 ____기 위해서는

____어야 한다.

본론 1

- 사형제 폐지에 대한 반론: 범죄자의 인권보다는 피해자의 생명권이 우선되어야 한다

모든 인간은 존엄하고 생명권은 누구에게나 보장되어야 한다는 주장이 있다. 그러나 ______

____으므로

____

____는다고 본다.

본론 2

- 사형제 유지 주장에 대한 근거: 강력 범죄 예방에 도움이 된다

사형제가 ____으므로 유지되어야 한다.

실제로 ____

____. 또한 전문가들은

____는다고 주장한다.

결론

- 사형제 유지의 필요성 강조

만약 사형제가 폐지된다면 ____

을 것이다. 따라서 ____

____어야 할 것이다.

사형제를 유지해야 한다

존엄사

다음 중 어떤 생각에 동의하는지 이야기해 보자.

---

1. <가> 내가 의식이 없고 스스로의 힘으로 숨을 쉴 수 없다면 생명을 유지하기 위한 치료를 받고 싶지 않다.

<나> 생명을 유지할 수 있는 방법이 있는 한 먼저 포기해서는 안 된다.

---

2. <가> 내가 현재의 의료 기술로 치료하기 힘든 병에 걸렸다면 치료를 포기할 것이다.

<나> 현재의 의료 기술로 치료하기 힘든 병에 걸렸다고 해도 죽는 순간까지 치료를 포기하지 않을 것이다.

---

3. <가> 내 가족이 사전에 연명 치료를 하지 않겠다는 의사를 밝혔다면 나는 이를 존중할 것이다.

<나> 내 가족이 사전에 연명 치료에 반대했다고 해도 나는 가족의 치료를 그만둘 수 없다.

✔ 다음을 보고 이야기해 보자.

<1> 2015년 3월, 싱가포르의 리콴유 전 총리에게 달려 있던 인공호흡기가 제거되었다. 그는 생전에 만약 본인이 인공호흡기로 삶을 이어가게 된다면 호흡기를 떼어 달라고 했고 변호사와 의사가 이를 시행하도록 서명도 받았다고 한다.

<2> 2014년 11월, 미국 오리건 주에서는 브리티니 메이나드가 고통 없이 심장을 멈추게 하는 약을 먹고 세상을 떠났다. 뇌종양에 걸려 6개월 이상 살기 어렵다는 것을 알게 된 그녀는 스스로 죽음을 선택했다. 그녀는 "나는 오늘 존엄사를 선택한다. 뇌종양은 나에게서 많은 것을 빼앗아 갔고 이대로라면 더 많은 것을 빼앗아 갈 것이다."라는 말을 남겼다.

1. <1>과 <2>의 상황은 어떻게 다릅니까?

2. 여러분이 <1> 또는 <2>의 상황에 처하게 된다면 어떤 결정을 하겠습니까?

존엄사를 허용해야 한다

존엄사란 회복 불가능한 환자의 치료를 중단하는 것을 말한다. 환자 자신이 사전에 단지 수명만을 연장하기 위한 치
└ 정의하기(8쪽)

료는 받지 않겠다는 의사를 밝혔고 가족 모두가 동의할 경우 연명 치료를 하지 않는 것이다. 환자 스스로 더 이상의 치료
└ 설명 덧붙이기(9쪽)

가 무의미하다고 판단할 경우, 치료의 중단을 선택하는 것이 인간의 존엄성을 지키는 방법이 될 수 있다는 점에서 '존엄

사'라고 불린다. 일부 사람들은 존엄사가 인간의 생명권을 뺏는 행위라고 주장한다. 그러나 인간의 생명을 유지하는 것
└ 반론하기(24쪽)

자체보다는 어떻게 살아가느냐 하는 것이 더 중요하다는 점에서 존엄사를 허용해야 한다고 본다.

병을 호전시킬 가능성이 없는데도 인공호흡기 등의 생명 보조 장치에 의지해 삶을 연장한다면 환자와 그 가족은 막
└ 근거 제시하기(가정)(20쪽)

대한 물리적, 정신적 고통을 겪게 될 것이다. 환자나 가족이 이러한 고통을 겪으면서도 수명 연장을 원한다면 연명 치료

를 계속해야 한다. 그러나 환자 본인과 그의 가족이 연명 치료 대신에 자연스러운 죽음을 원한다면 그 누구도 생명 유

지를 강요할 수는 없다.

종교계에서는 인간의 생명을 유지하는 데 있어서 무의미한 치료는 없다고 주장한다. 그러나 자신의 생명을 유지하기

위한 치료 방법을 결정할 권리는 환자와 가족에게 있다. 더 이상 병을 치료할 수 있는 방법이 없는 상태에서 환자가 생명

연장 장치의 도움을 받는 치료를 거부한다면 이를 존중해야 할 필요가 있다. 실제로 김수환 추기경이나 법정 스님의 경
└ 주장하기(18쪽) └ 근거 제시하기(사례)(23쪽)

우에도 인공호흡기의 도움을 받는 것을 원하지 않았기 때문에 연명 치료가 이루어지지 않았다.

환자와 가족이 치료비의 부담 때문에 연명 치료의 중단을 요구할 수도 있다는 주장이 있다. 물론 연명 치료를 하기
└ 반론하기(24쪽)

위한 경제적 비용이 만만치 않기 때문에 존엄사가 악용될 수도 있다. 그러나 경제적 부담을 줄이면서 치료 방법을 선택

할 권리도 보장해야 한다는 점에서 존엄사 자체에 반대해서는 안 된다고 본다.

다른 사람의 생명과 재산을 위협하지 않는 한, 인간에게는 누구나 자신의 삶의 방식을 결정할 권리가 있다. 존엄사는

환자의 생명권을 위협하는 것이 아니라 생명 유지의 방법을 선택하는 권리를 보장하는 것이다. 이러한 점에서 존엄사를

허용하는 제도적 장치를 마련해야 할 것이다.
└ 주장하기(글 마칠 때)(18쪽)

사전	단지	수명	동의하다	연명	뺏다	호전시키다
인공호흡기	보조	의지하다	막대하다	물리적	고통	겪다
자연스럽다	종교계	상태	김수환 추기경	법정 스님	만만치 않다	재산
방식						

✓ 윗글을 읽고 다음 질문의 답을 찾아보자.

1. 존엄사란 무엇입니까?

2. 존엄사에 반대하는 사람들은 어떤 주장을 합니까?

3. 2번의 주장에 대해 이 글에서는 어떻게 반론하고 있습니까?

다음 표를 사용해 글의 내용을 정리해 보자.

존엄사를 허용해야 한다
서론
존엄사의 정의
존엄사에 반대하는 주장과 이에 대한 반론1
본론 1
존엄사에 찬성하는 근거
본론 2
존엄사에 반대하는 주장과 이에 대한 반론2
본론 3
존엄사에 반대하는 주장과 이에 대한 반론3
결론
존엄사 허용의 필요성

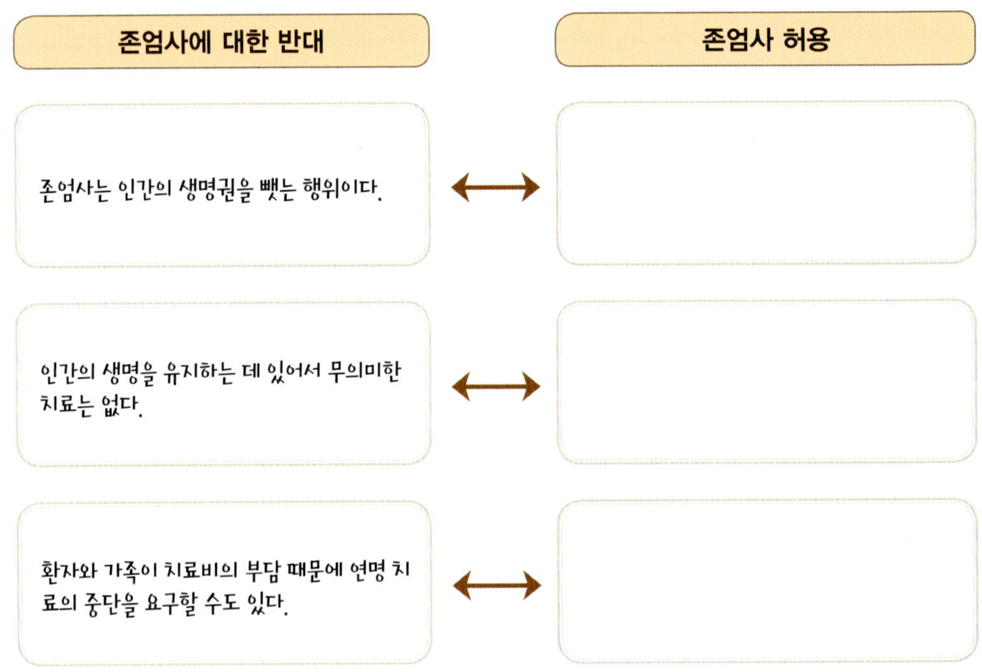
존엄사에 대한 반대
존엄사 허용
존엄사는 인간의 생명권을 뺏는 행위이다.
인간의 생명을 유지하는 데 있어서 무의미한 치료는 없다.
환자와 가족이 치료비의 부담 때문에 연명 치료의 중단을 요구할 수도 있다.

✔ 빈칸에 알맞은 표현을 써 보자.

존엄사 　　　　회복 불가능한 환자의 치료를 중단하는 것 　　　　　　　　　　　　　　　　　.
　　　└ 정의하기(8쪽)

환자 자신이 사전에 단지 수명만을 연장하기 위한 치료는 받지 않겠다는 의사를 밝혔고 가족 모두가 동의할

경우 연명 치료를 하지 않다 　　　　　　　　　　　.
　　　　　　└ 설명 덧붙이기(9쪽) 　　　　　　　└ 반론하기(24쪽)

존엄사가 인간의 생명권을 뺏는 행위 　　　　　　　　　　　.
　　　　　　　　　　└

　　　　인간의 생명을 유지하는 것 자체보다는 어떻게 살아가느냐 하는 것이 중요하다 　　.
└ 　　　　　　　　　　　　　　　　　　　　└

　　　　　　존엄사를 허용하다 　　　　　　　.
　　　　　　　　　　　　　└

✔ 빈칸에 알맞은 내용을 써 보자.

종교계에서는 인간의 생명을 유지하는 데 있어서 무의미한 치료는 없다고 주장한다. 그러나

　　　　　　　　　　　　　　　　　　　　　　　　　　　　.

더 이상 병을 치료할 수 있는 방법이 없는 상태에서 환자가 생명 연장 장치의 도움을 받는 치료를 거부한다

면 　　　　　　　　　　　　　　　　　　　　　　. 실제로

　　　　　　　　　　　　　　　　　　　　　　　　.

✔ '존엄사를 허용해서는 안 된다'라는 제목의 글을 쓰기 위해 필요한 내용을 써 보자.

존엄사를 허용해서는 안 된다

서론

- 존엄사의 정의
- 존엄사에 찬성하는 이들의 주장과 이에 대한 반론

존엄사란 _________________________________ 을/를 말한다. _____________________

__________는 것이다. 존엄사에 찬성하는 이들은 존엄사가 인간의 존엄성을 지키기 위한 방

법이라고 주장한다. 그러나 ____는다는 점

에서 ____는다고 본다.

본론 1

- 찬성 주장에 대한 반론: 존엄사는 생명을 포기하는 행위이다

존엄사에 찬성하는 이들은 현재의 기술로 치료가 불가능한 이들이 존엄사를 선택할 수 있어

야 한다고 주장한다. 그러나 ____

_________________________________으므로 _________________________

____는다고 본다.

본론 2

- 존엄사가 허용될 경우 생길 수 있는 문제점: 생명을 쉽게 포기할 수 있다

존엄사가 허용될 경우에 생길 수 있는 가장 큰 문제는 병으로 인한 고통과 경제적 부담 때문에

____

_________________________는다는 것이다. _________________________

____는 것이다.

결론

- 생명의 소중함
- 존엄사의 위험성

생명은 어떤 경우에도 포기해서는 안 되는 절대적인 가치이다. 존엄사는 _____________

____으므로

____어야 할 것이다.

존엄사를 허용해서는 안 된다

스마트폰 중독

✓ 다음을 보고 이야기해 보자.

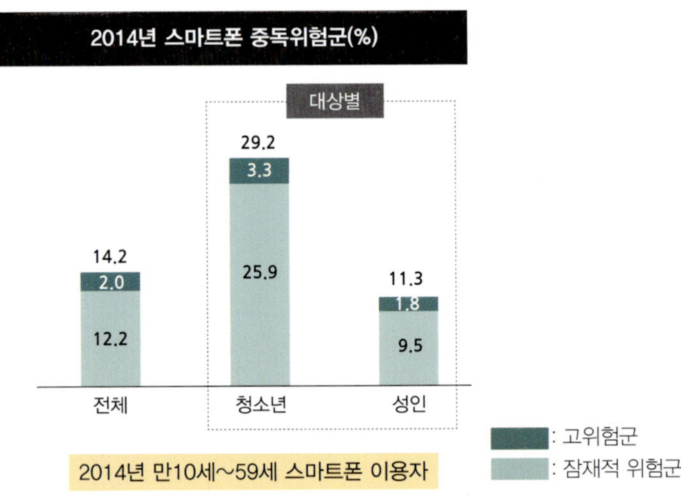

　2012년 한 인터넷 보안업체가 영국 국민 1,000명에게 설문 조사를 한 결과에 따르면 응답자의 66%가 휴대전화가 없을 때 노모포비아로 힘들어하는 것으로 나타났다. 이는 4년 전보다 11%나 늘어난 수치다. 노모포비아인 사람들 중 20%는 손가락 통증으로 고통 받고 있으며, 25%는 휴대전화 사용 중 사고를 당한 경험이 있다고 한다.

★ 노모포비아: no, mobile(휴대전화), phobia(공포)가 결합된 말로, 휴대전화가 없을 때 불안하거나 초조함을 느끼는 현상을 가리킨다.

1. 그래프를 보고 알 수 있는 것은 무엇입니까?

2. 여러분도 노모포비아를 느껴 본 적이 있습니까?

✔ 다음을 보고 이야기해 보자.

1. 위의 방법 중에서 가장 효과적이라고 생각하는 것은 무엇입니까?

2. 다른 효과적인 방법이 있는지 이야기해 봅시다.

스마트폰 중독

정보 통신 기술이 나날이 발전함에 따라 스마트폰이 없는 우리의 생활은 상상하기 어렵게 되었다. 우리는 스마트폰을
└ 현황 제시하기(12쪽)

통해 원하는 정보를 언제 어디서든 쉽게 얻을 수 있을 뿐만 아니라 주변 사람들과 수시로 소통을 할 수 있다. 이러한 편

리함 때문에 우리는 여가의 대부분을 스마트폰을 사용하며 보낸다. 그러나 일상생활에 지장을 줄 만큼 과도한 스마트

폰 사용이 사회적 문제가 되고 있다.
└ 현황 제시하기(12쪽)

미래창조과학부와 한국정보화진흥원이 전국 만 10~59세 스마트폰 이용자를 대상으로 조사한 '2014년 인터넷·스마

트폰 중독 실태 조사' 결과에 따르면 전체 조사 대상자 가운데 14.2%의 사람들이 스마트폰 중독 위험군이며 이 비율이
└ 인용을 통한 현황 제시하기(12쪽)

갈수록 높아지고 있는 것으로 나타났다. 이 통계는 스마트폰 중독이 더 이상 간과할 수 없을 정도로 심각한 문제가 되
└ 통계 자료 해석하기(22쪽)

었다는 것을 의미한다.

스마트폰에 중독되면 여러 가지 문제점이 나타난다. 운전 중이나 보행 중에 스마트폰을 사용하다가 사고가 생기거나
└ 문제점 지적하기(16쪽)

스마트폰 사용에 몰두해서 일이나 학업에 지장을 받는 경우도 많다. 사이버 공간에서의 소통에 신경 쓰느라 가족 및 주

변인과의 소통에 어려움을 겪기도 한다. 또한 스마트폰을 과도하게 사용하면 신체적인 건강에도 영향을 미쳐 거북목 증

후군, 수면 장애 등의 증상이 나타나고, 스트레스, 우울 및 불안이 심해지는 등 정신건강에도 부정적인 영향을 미친다.
└ 신체적, 정신적 문제 지적하기(16쪽)   └ 문제점 지적하기(16쪽)

스마트폰 중독으로 생기는 여러 가지 문제를 해결하기 위해서는 스마트폰 이용자 개인의 노력과 사회적 책임이 반드
└ 해결 방안 제시하기(19쪽)

시 병행되어야 한다. 먼저, 개인은 스스로 스마트폰을 사용하는 시간과 공간을 제한할 필요가 있다. 또 가족 및 주변 사
└ 해결 방안 제시하기(19쪽)

람들과 소통함으로써 스마트폰에 의존하는 습관을 버릴 수 있다. 이러한 노력이 지속될 수 있도록 기업은 기술적인 지원
└ 해결 방안 제시하기(19쪽)

을 해야 하고 정부는 제도적 장치를 마련해야 한다.
└ 주장하기(18쪽)

통신	상상하다	수시로	지장	미래창조과학부	조사하다	대상자
비율	간과하다	심각하다	보행	몰두하다	사이버	신경 쓰다
및	병행되다					

✔ 윗글을 읽고 다음 질문의 답을 찾아보자.

1. 스마트폰 중독 위험군에 해당하는 사람들의 비율은 어느 정도입니까?

2. 스마트폰에 중독되면 나타나는 문제점은 무엇입니까?

3. 스마트폰 중독으로 생기는 문제를 해결하기 위해서 어떻게 해야 합니까?

✔ 다음 표를 사용해 글의 내용을 정리해 보자.

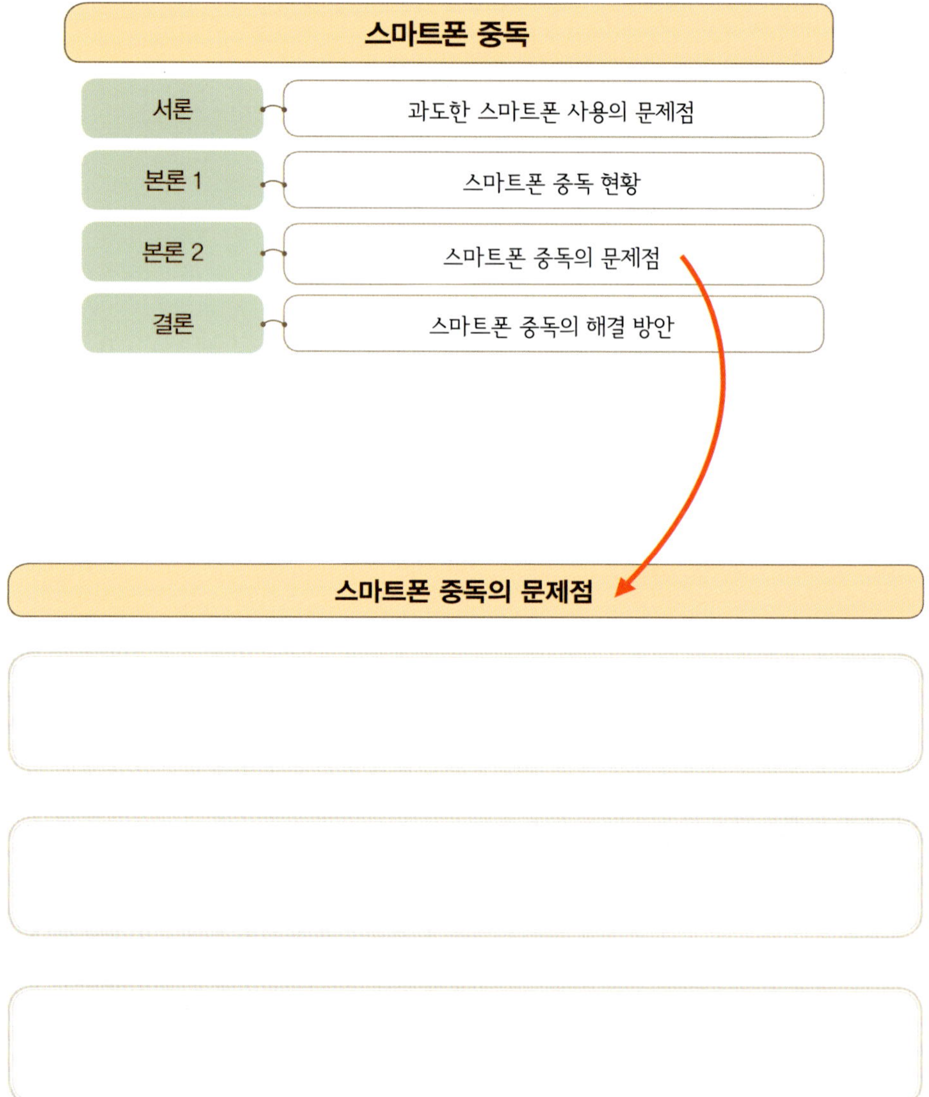

☑ 빈칸에 알맞은 표현을 써 보자.

스마트폰을 과도하게 사용하면 신체적인 건강에도 영향을 미쳐 거북목 증후군, 수면 장애 등
└ 신체적, 정신적 문제 지적하기
(16쪽)

고, 스트레스, 우울 및 불안이 심해지는 등 정신건강   .
└ 문제점 지적하기(16쪽)

스마트폰 중독으로 생기는 여러 가지 문제를 **해결하다**
└ 해결 방안 제시하기(19쪽)

스마트폰 이용자 개인의 노력과 사회적 책임이 반드시 **병행되다**   .
└

먼저, 개인은 스스로 스마트폰을 사용하는 시간과 공간을 **제한하다**   .
└ 해결 방안 제시하기(19쪽)

☑ 빈칸에 알맞은 내용을 써 보자.

정보 통신 기술이 나날이 발전함에 따라 스마트폰이 없는 우리의 생활은 상상하기 어렵게 되었다. 우리는

스마트폰을 통해   을 뿐만 아니라

                                                        을 수 있다. 이러한 편리함 때문에 우리는

여가의 대부분을 스마트폰을 사용하며 보낸다. 그러나   이/가

사회적 문제가 되고 있다.

✔ '청소년 스마트폰 중독의 위험성과 해결 방안'이라는 제목의 글을 쓰기 위해 필요한 내용을 써 보자.

청소년 스마트폰 중독의 위험성과 해결 방안

서론

• 청소년 스마트폰 중독의 현황

청소년의 스마트폰 중독이 심각한 사회적 문제가 되고 있다. 조사에 따르면 ＿＿＿＿＿＿
＿＿＿＿＿＿＿＿＿＿＿＿＿＿＿＿＿＿＿＿＿＿＿＿＿＿＿＿＿＿는 것으로 나타났다.
이는 ＿＿＿＿＿＿＿＿＿＿＿＿＿＿＿＿＿＿＿＿＿＿＿＿＿＿＿＿＿＿＿＿＿＿
＿＿＿＿＿＿＿＿＿＿＿＿＿＿＿＿＿＿＿＿＿＿＿＿＿＿＿＿는다는 것을 의미한다.

본론 1

• 청소년 스마트폰 중독의 문제점

청소년들이 스마트폰에 중독되면 여러 가지 문제점이 나타난다. 가장 큰 문제는＿＿＿＿＿
＿＿＿＿＿＿＿＿＿＿＿＿＿＿＿＿＿＿＿＿＿＿＿＿＿＿＿＿＿＿＿＿＿이다.
또한 ＿＿＿＿＿＿＿＿＿＿＿＿＿＿＿＿＿＿＿＿＿＿＿＿＿＿＿＿＿＿＿＿＿＿
＿＿＿＿＿＿＿＿＿＿＿＿＿＿＿＿＿＿＿＿＿ 등에도 부정적인 영향을 미친다.

본론 2

• 청소년 스마트폰 중독의 해결 방안

청소년의 스마트폰 중독 문제를 해결하기 위해서는 ＿＿＿＿＿＿＿＿＿＿＿＿＿＿＿＿
어야 한다. ＿＿＿＿＿＿＿＿＿＿＿＿＿＿＿＿＿는다면 ＿＿＿＿＿＿＿＿＿＿＿＿
＿＿＿＿＿＿＿＿＿을 것이다. 전문가들은 ＿＿＿＿＿＿＿＿＿＿＿＿＿＿＿＿＿
＿＿＿＿＿＿＿＿＿＿＿＿＿＿＿＿＿＿＿＿＿＿＿＿＿＿＿는다고 주장한다.

결론

• 청소년 스마트폰 중독의 심각성
• 해결 방안의 강조

청소년의 스마트폰 중독의 문제는 ＿＿＿＿＿＿＿＿＿＿＿＿＿＿＿＿＿＿＿＿＿＿＿
을 것이다. 따라서 ＿＿＿＿＿＿＿＿＿＿＿＿＿＿＿＿＿＿＿＿＿＿＿＿＿＿＿＿＿
＿＿＿＿＿＿＿＿＿＿＿＿＿＿＿＿＿＿＿＿＿＿＿＿＿＿을 필요가 있다.

1 정의하기 ▶8쪽

약자	缩写	abbreviation
공유	共享	sharing
인맥	人际关系	personal connections
확대	扩张/扩大	expansion
생성하다	生成, 产生	generate
강화시키다	加强, 强化	strengthen
모바일 플랫폼	移动平台	mobile platform
공정무역	公平贸易	fair trade
제3세계	第3世界	The Third World
정당하다	正当/合理的	fair
임금	工资	wage
지불받다	收到付款	receive payment
불공정하다	不公正	unfair
개선하다	改善, 改进	improve
디지털	数码	digital
기기	设备, 机器	device
의존하다	依靠, 依赖	depend on
기억력	记忆力	memory
전반적	全面的, 总体上, 整体上	overall

치매	痴呆	dementia

2 설명 덧붙이기 ▶9쪽

구분되다	区分, 划分	be classified
반면에	(在)另一方面	on the other hand
충돌하다	冲突	conflict
이익	利益	benefit
제한	限制, 局限	limitation
우선시하다	优先, 首先, 以…为首	put something before something
농촌	农村	farming village
일방적	单方面/片面	one-sided
희생	牺牲	sacrifice
일방적	单面, 单边	one-sided
강요당하다	被迫	be forced

3 예시하기 ▶10쪽

장르	类型/体裁	genre
융합	融合	fusion
예술	艺术	art
대중	大众	public
고급	高级	high class
경계	境界, 界限	boundary
허물다	拆掉	tear down

아이콘	偶像	icon
소재	素材, 材料	material
삼다	基于, 作为	based on
팝아트	波普艺术	pop art
창조하다	创造	create

4 분류하기 ▶11쪽

바라보다	看	look at
관점	观点	point of view
상대주의	相对主义	relativism
우월주의	优越主义	superior
협정	协定, 协议	agreement
체결하다	签订	make (an agreement)
다자간	多边	multilateral
양자	双边	mutual
절대주의	专制主义	absolutism

5 현황 제시하기 ▶12~13쪽

접목시키다	结合	combine
시도	试图, 尝试	attempt
이루어지다	实现, 形成	realized
온난화	全球变暖	global warming
폭설	暴雪	heavy snow
집중호우	暴雨	localized heavy rain

가뭄	干旱	drought
이상기후	气候异常	abnormal climate
몸살	身体疼痛	body aches
앓다	生病/得病	be ill (with)
유럽연합(EU)	欧洲联盟	European Union
인도네시아	印度尼西亚	Indonesia
멕시코	墨西哥	Mexico
적극적	积极的	active
추진하다	推进	push forward□promote
과도하다	过多, 过分	excessive
점차	逐渐	gradually
현상	现象	phenomenon
나날이	日渐	day by day
범죄	犯罪	crime
상점	商店	store
CCTV	监视器	CCTV
설치하다	设置, 安装	install
국가미래연구원	国家未来研究院	National Institute for Future Research
부	财富	wealth
분배	分配	distribution
(십)대	(十)几岁的, (十)多岁的	age
응답자	回答者	respondent
통계	统计	statistics

재배	栽培	cultivation
농민	农民	farmer
돌아가다	收到	receive
수익	收益	profit
사대주의	趋炎附势	toadyism

변화하다	变化	change
수단	方法	method
지역	地区	region
삶	生活	life
가치관	价值观	values
고유하다	固有的	inherent
초국적	跨国	transnational
기업	企业	company
구조	结构	structure
단계	阶段	stage
유통	流通	distribution□circulation
거치다	经过	pass
식품	食品	food
변질되다	变质, 腐败	spoil
합성	合成的	synthetic
첨가제	添加剂	addictives

최소화하다	最小化	minimize
소비하다	消费	consume
앰네스티	国际特赦组织	Amnesty
사형제도	死刑制度	death penalty
(캘리포니아)주	(加利福尼亚)州	(California) state
살인	杀人	murder
발생률	发生率	incidence rate
(한 명) 당	每(一个人)	per
(한) 건	(一)件	matter
집단주의	集体主义	groupism
가치	价值	values
두다	放	put
기존	现存的	existing
폐쇄형	封闭式	enclosed type
개방형	开放式	open type

7 문제점 지적하기 ▶16~17쪽

소수	少数	minority
차별	区别, 差别	discrimination
사회적	社会的	social
인권	人权	human rights
침해하다	侵害	infringe
신속하다	迅速	quick
습득하다	学到	acquire

판단력	判断力	judgment
서민층	平民阶层	working class
위기감	危机感	sense of crisis
경기	生意, 经济	economy
회복	恢复	recovery
투발루	图瓦卢	Tuvalu
사라지다	消失	disappear
뉴욕	纽约	New York
상하이	上海	Shanghai
해안	海岸	coast
잠기다	淹没	sink
북극곰	北极熊	polar bear
비롯하다	等/以…为首	originate in
동식물	动植物	animals and plants
멸종	灭绝	extinction
빠지다	陷入	belong to
특정하다	特定	specify
비판	批评, 批判	criticism
수용하다	接受/承认	accept
정체성	个性	indentity
거북목 증후군	龟颈综合征	forward head posture
손목터널 증후군	腕管综合征	carpal tunnel syndorme
수면	睡眠	sleep
장애	障碍	disability
고령화	老龄化	graying

유전자	基因	gene
변형	形变/转	modify
빈부	贫富	the rich and the poor
격차	差距	gap

강력	强烈的	strong
빈번하다	频繁	frequent
가능성	可能性	possibility
생명	生命	life
연장	延长	extension
장치	装置	device
거부하다	拒绝	deny□refuse
존중하다	尊重	respect
고용	雇佣	employment
장려금	拨款/奖金	grant
지급	付款/支付	payment
연금	年金	pension
제도	制度	system
의료비	医疗费	medical expenses
확보	确保/保障	secure
방면	方面	way
폐지하다	废止	abolish
합당하다	恰当	right

권리	权利	right(s)
보장하다	保障	guarantee
중독	中毒	addiction

시각	看法	view
전환하다	转换	change
원자력	原子能	nuclear energy
피해	受害, 被害	damage
가져오다	带来	bring
막다	防止	block
관리	管理	manage
엄격하다	严格	strict
중단	中断	halt
검토하다	检查	check
흉악하다	凶恶	brutal
예방하다	预防	prevent
대체에너지	替代能源	alternative energy
규정	规定	rule
적용하다	适用	apply
사생활	私生活	private life
누진세	累进税	progressive tax
부과	征税	impose
재원	财源	finances

사회복지	社会福利	social welfare
투자하다	投资	invest on
재분배	重新分配	redistribution

10 ◀ 근거 제시하기: 가정하여 말하기 ▶20쪽

이산화탄소	二氧化碳	carbon dioxide
배출량	排放量	emission quantity
신재생 에너지	可再生能源	New Renewable Energy
가속화되다	加速	accelerate
적절하다	恰当的	proper
통제하다	控制	control
체르노빌	切尔诺贝利	Chernobyl
후쿠시마	福岛	Fukushima
심화	深化/变深	deepen

11 ◀ 근거 제시하기: 전문가의 견해 인용하기 ▶21쪽

정부	政府	government
관계자	有关人员	the persons concerned
주요	主要	main
조절	调整, 调节	control
효과적	有效	effective
습관을 들이다	养成习惯	form habit
생태계	生态系	ecosystem

인체	人体	human body
유해하다	有害	harmful
해소하다	解除, 缓解	solve
소득누진세	累计所得税	graduated income tax

12 ◀ 근거 제시하기: 통계 자료 사용하기 ▶ 22쪽

기획재정부	企划财政部	Ministry of Strategy and Finance
빈곤율	贫困率	poverty rate
경제협력개발기구	经济合作与发展组织	the Organization for Economic Cooperation and Development
시급하다	急迫的	urgent
결코	决不, 绝对不	never
대책	对策	solution
마련하다	准备	prepare

13 ◀ 근거 제시하기: 사례들기 ▶ 23쪽

화석연료	化石燃料	fossil fuel
힘쓰다	用力, 使劲	strive□make an effort
IT	信息技术	Information Technology
위치하다	位于	be located
시설	设备	facility
가동하다	启动, 运行	activate□operate
비교 우위	比较优势	comparative advantage

경쟁	竞争	competition
밀리다	被拖	be overpowered
농축산물	农畜产品	agricultural and stockbreeding products
산업	产业	industry
기계화되다	机械化	be mechanized
생산	生产	produce
대량	大量	mass
이겨내다	克服	overcome
본인	自己	oneself
의지	意志	will
존엄사	尊严死	death with dignity
지원하다	支持	support;apply

14 반론하기 ▶24~25쪽

역할	作用	role
행위	行为	behavior
자체	自己, 本身	itself
허용하다	许可	allow
비효율적	无效率的	inefficient
가정	家庭	family
저하시키다	降低	debase

Ⅱ 읽고 쓰기 – 설명하는 글

꿀벌	蜜蜂	honey bee
돌고래	海豚	dolphin
신호	信号	signal
먹이	粮食	food
내뿜다	喷出	puff
불개미	红蚂蚁	a red ant
화학	化学	chemical
물질	物质	substance
유사하다	相似的/类似的	similar
몸짓	手势	gesture
고정적	固定	steady
사건	事件	incident
기록하다	记录	record
당시	当时	at the time
분절적	分节的	segmental
특성	特性	characteristic
단위	单位	unit
나뉘다	分开	divided
결합되다	结合	combined
체계	体系	system
무한하다	无限	infinite
나름	自己, 独自	in its way

상반되다	相反	run counter to
성향	趋向, 倾向	tendency
띠다	带有, 具有	incline
문화권	文化圈	a cultural area
설정하다	设定	set
실행하다	实行, 执行	carry out, action
비교적	比较	relatively
평가되다	被评价	rate
경제	经济	economy
성장	成长, 增长	growth
당연하다	当然	stand to reason
최대한	最大限度, 尽量	to the hilt, the maximum
창의성	创造性	creativity
추구하다	追求	seek
용이하다	容易	easy
달성하다	达到, 达成	achieve
갈등	矛盾	conflict
일으키다	引起	evoke
부여하다	赋予, 给予	give, attach
처하다	处于	face, encounter
상황	情况	stance

니콜라스 카	尼古拉斯·卡尔	Nicholas Carr
항공기	飞机	plane
추락	坠落/坠毁	fall
주로	主要	mainly
대형	大型	big, huge
여객기	客机	passenger plane
자동조종장치	自动驾驶系统	automatic pilot system
비행	飞行	flight
수동	手动操作	hand operated
대처하다	对付, 应付	manage
버튼	按钮	button
누르다	摁	push
필요성	必要性	necessity
반복되다	反复	repeated
뇌	脑	brain
담당하다	担任	be in charge
부분	部分	part
제대로	适当地	properly
나아가	进而, 还	in advance
후반	后期	the last half
초반	初期	early stage
노출되다	遗弃, 暴露	be exposed to
건망증	健忘症, 忘性	forgetfulness

공황 장애	惊恐性障碍	panic disorder
심지어	甚至	even
조기	早期, 早	early
한국정보화진흥원	韩国信息化振兴院	National Information Society Agency
실태	实况, 状况	real condition
약	约/大约	approximately
해당하다	属于	be relevant
인식	意识/觉悟	awareness

4 ▶ 장르 융합 예술 ▶56~57쪽

현대	现代	modern
동서양	东西方	East and west
작품	作品	work, piece
탄생하다	诞生	born
접근성	可达性	accessibility
높이다	提高	increase
영역	领域	region
확장하다	扩张, 扩大	expand
혁신	改革/创新	innovation
계기	契机	chance, opportunity
출현하다	出现	appear
추상성	抽象性	abstractness
주류	大部分, 主流	the majority
워홀	沃霍尔	Warhol

리히텐슈타인	利希滕斯坦	Lichtenstein
친숙하다	熟悉	familiar
가공하다	加工	process
접하다	接到	encounter
마릴린 먼로	玛丽莲·梦露	Marilyn Monroe
앨비스 프레슬리	埃维斯·普里斯利	Elvis Presley
엘리트주의	精英主义	elitism
미디어아트	媒介美术, 媒体艺术	media art
매체	媒体	media
영상	视频	image
활용하다	利用, 活用	utilize
시대	时代	age
고전	古典, 经典	classic
흐름	潮流, 流行	flow
형성하다	形成	form

5 공정무역 ▶64~65쪽

사회운동	社会运动	social movement
착취	剥削	exploitation
아동	儿童	child
세계공정무역기구	世界公平贸易组织	World Fair Trade Organization
대안적	替代	alternative
체제	体系	system
이윤	利润	profit

독점하다	独占	monopolize
수익	收益	profit
충당하다	抵充	cover
생계	生计, 生活	living
열악하다	恶劣	poor, inadequate
내몰리다	被赶走	be forced out
배제하다	排除	exclude
설립하다	创办/成立	found
혜택	优惠	benefit
성분	成分	substance
포함되다	包含, 含有	included
공급받다	收到/接受	receive
벗어나다	摆脱, 摆开	get out
더불어	一起	moreover
터전	基地	base
현지	当地	local
체험하다	体验, 体会	experience
공예품	工艺品	handicraft
대상	对象	object
협동조합	合作社	cooperative
기반	基础	base
갖추다	具备	prepare
운영되다	运营	be operated

맥락	环境/背景/语境, 脉络	context
절대적	绝对的	absolute
여기다	当作	regard
우열	优劣	superiority
열등하다	低劣的/下等的	inferior
탈레반 정권	塔利班政权	the Taliban government
세계문화유산	世界文化遗产	World Cultural Heritage
바미얀 석불	巴米扬石佛	Buddhas of Bamiyan
폭파하다	爆炸	blow up
극단적	极端的	extreme
파괴	破坏	destruction
반발	反抗	resist
불러일으키다	引起	arouse
무시하다	忽视	ignore
비하하다	贬低	belittle
맹목적	盲目的	blind
추종하다	追随	follow
제2차 세계대전	第二次世界大战	the Second World War
식민지	殖民地	colony
지배층	统治阶级	hierarchy
침략국	侵略国	an aggressor (nation)
경시하다	轻视	belittle
배척하다	排斥	exclude

왜곡되다	歪曲	distort
전승되다	传承	transmiss
고려하다	考虑	consider
받아들이다	吸收/接受	accept
헬레니즘 문화	希腊文化	Hellenism culture
그리스 문화	希腊文化	Greek culture
오리엔탈 문화	东方文化	Oriental culture
급속히	迅速的, 急速	rapidly
입장	立场	position

7 자유무역협정 ▶80~81쪽

장벽	墙壁	wall, barrier
낮추다	降低	lower
교류	交流	interchange
맺다	结, 缔结	make(an agreement)
협약	协定	agreement
관세	关税	duty, tariff
수입	进口	import
량	量	volume, quantity
규제	限定, 限制	regulation
활발하다	积极的/活跃的	active
협상	协商	negotiation
시장	市场	market
규모	规模	scale

상대	对方	counterpart
증가하다	增加	increase
이전	以前	previous
저렴하다	便宜	cheap
로펌	法律事务所	law firm
국경	国界/国境	border
뛰어넘다	跳过, 略过	jump (over)
대외	对外	foreign
극소수	极少数	small, minimum
불과하다	仅仅/只不过	mere, only
강대국	强国	powerful nation
다국적 기업	跨国公司	multinational corporation
불균형	不均衡, 不均匀	unbalance
보호하다	保护	protect
정책	政策	policy
공평하다	公平	fair

8 소셜 네트워크 서비스(SNS) ▶88~89쪽

가상공간	虚空间	imaginary space
유무	有无	whether or not
정보	信息	information
공개	公开	make public
늘어나다	增加, 上涨	increase

급증하다	高涨，猛增	increase rapidly
손쉽다	容易	easy
넓히다	扩展	widen
소셜커머스	社会电子商务	social commerce
마케팅	销售，市场营销	marketing
걸치다	经过	across, over
광범위하다	广泛	extensive
제약	限制	limit
실시간	实时	real time
통하다	相通	be valid
지식	知识	knowledge
수집하다	收集	collect
화재	火灾	fire
홍수	洪水	flood
재난	灾难	disaster
현장	现场	site
착륙	着陆	landing
여론	舆论	public opinion
유출되다	泄露	be spilled
한국형사정책연구원	韩国刑事政策研究院	Korean Institue of Criminology
사기	欺诈	fraud
스토킹	跟踪	stalking
무분별하다	乱	indiscriminate
확산되다	扩散	proliferate

악용되다	被滥用	be abused
책임	责任	responsibility
의식	意识	consciousness
태도	态度	attitude

Ⅱ 읽고 쓰기 -주장하는 글

1 사형제

▶98~99쪽

집행하다	执行	execution
존치되다	保留	retention
기본적	基本的, 基本上	basic
위협하다	威胁	threat
권력	权力	power
빼앗다	抢夺	steal, deprive
합법적	合法的	legal
형벌	刑罚	punishment
궁극적	最重要的	ultimate
처벌	处罚	punishment
교화	劝导	reformation
강제	强迫	force
감옥	监狱	jail
가두다	关押	imprison
반성하다	反省	reflect on
올바르다	正确	right

이끌다	引导, 引向	lead
죄	罪	sin
인류	人类	humanity
거스르다	违抗, 不服从	go upstream
고대법	古代法	ancient law
보복	报复, 复仇	revenge
원리	原理	principle
선고	宣告	announcement
부담감	压力	burden
요구하다	请求	require
국제적	国际的, 国际性	international

2 ◀ 존엄사　　　　　　　　　　　　　　▶ 106~107쪽

사전	以前	previous
단지	仅仅, 只是	only, just
수명	寿命	lifespan
동의하다	同意	agree
연명	寿命延长	life extension
뺏다	抢夺	take away
호전시키다	转好	improve
인공호흡기	人工呼吸机	a respirator
보조	辅助	assistance
의지하다	依靠, 依赖	rely on
막대하다	巨大	huge

물리적	物质的	physical
고통	痛苦, 苦难	pain
겪다	经受, 经历	suffer
자연스럽다	自然	natural
종교계	宗教界	religious circles
상태	状态	status
김수환 추기경	金寿焕红衣主教	Cardinal Stephen Kim Su-Hwan
법정 스님	法顶和尚	Venerable Beopjeong
만만치 않다	不容易	serious
재산	财产	wealth
방식	方式	method

3 스마트폰 중독 ▶114~115쪽

통신	通信	communication
상상하다	想象	imagine
수시로	随时	frequently
지장	影响	disrupt
미래창조과학부	未来创造科学部	Ministry of Science, ICT and Future Planning
조사하다	调查	investigate
대상자	对象	target
비율	比率	ratio
간과하다	忽视	overlook
심각하다	严重	serious

보행	走路	walk
몰두하다	专心致力于…	be absorbed in
사이버	网络	cyber
신경 쓰다	在…费心	bother
및	及	as well as
병행되다	同时进行	be paired with

4 소수에 대한 차별 ▶122~123쪽

장애인	残疾人	disabled person
이민자	移居者	migrant
동성애자	同性恋者	a homosexual
성	性别	gender, sexuality
지향성	指向性	orientation
지위	地位	status
지니다	具有	have
표출하다	表达	express
기여하다	贡献	contribute
이동	移动	movement
동반하다	陪伴	accompany with
가로막다	阻止	block
육아	育儿	infant care
이해관계	利害关系	an interest
장기적	长期	long-term
확충하다	扩充	expand

풍부하다	丰富	ample
유대인	犹太人	the Jews
철학	哲学	philosophy
바탕	基础	foundation
인재	人才	talented person
배출하다	辈出	produce
흑인	黑人	African-American
독특하다	独特	peculiar
감성	感性	sense
리듬	节奏	rhythm
폭	幅	width
공헌하다	贡献	contribute
꾸준하다	稳定的	steady
백인	白人	White person
고집하다	固执	insist

5 과학 기술의 양면성　　▶130〜131쪽

발전시키다	发展	develop
질병	疾病	disease
유전자 변형식품	转基因食品	genetically modified organism
개발	开发	development
식량	食量	food
원료	原料	raw material

면	面/边	face, side
줄기세포	干细胞	stem cell
위태롭다	危险	risky
독	毒	poison
생명공학	生命工程	biotechnology
제레미 리프킨	杰瑞米·里夫金	Jeremy Rifkin
잠재적	潜在	dormant
조작	操纵	manipulation
토양	土地	soil
시인하다	承认	admit
존재하다	存在	exist
교란하다	扰乱	disturb
안전성	安全性	safety
확인되다	确认	be varified
여부	与否	whether sth is true or not
명확하다	明确	clear
고갈	枯竭	depletion
인정받다	得到承认，被认定	achieve recognition
차례	次序	time
발전소	发电厂	power plant
여실히	确实, 真实	clearly
드러나다	露出	be exposed
폭발	爆发	explosion
목숨	生命	life
방사능	放射性, 放射能	radioactivity

여전히	依然	still
되풀이되다	反复	repeated
증명하다	证明	prove

6 CCTV설치 ▶138~139쪽

공공장소	公共场所	public place
침해하다	侵害, 侵犯	infringe
절도	偷窃, 盗窃	theft
검거	逮捕/拘留	arrest
녹화되다	被记录	be recorded
자료	资料	data
입증하다	证明	prove
(한) 대	台	EA
초상권	肖像权	portrait rights
헌법	宪法	constitution
감독하다	监督	supervise

7 지구 온난화 ▶146~147쪽

지구	地球	the Earth
표면	表面	surface
상승하다	上升	rise
과정	过程	process

메탄	甲烷	methane
기체	气体	gas
깨뜨리다	打破	break
일어나다	发生	occur
한파	寒流	cold wave
폭염	热浪	heat wave
일대	地区	region
이례적	无前例的	unprecedented
해수면	海平面	surface of the sea
미국항공우주국	美国国家航空航天局	National Aeronautics and Space Administration
그린란드	格陵兰	Greenland
빙하	冰河/冰川	glacier
녹아내리다	消融	melt down
온실가스	温室气体	greenhouse gas
채택되다	被选为	be chosen as
실제적	实际的	practical
준수하다	遵守	obey
구속력	约束力	biniding force
실시하다	实施	implement
탄소세	碳税	carbon tax
수소	氢	hydrogen
지열	地热	geothermal heat
합치다	合	combine
줄어들다	减少	reduce

전력	电力	electricity
풍력	风力	wind power
보존하다	保存	preserve
후손	后代	descendant
물려주다	传递/传给	pass on

8 고령화 사회　　　▶154~155쪽

UN	联合国	United Nation
차지하다	占有	take possession
진입하다	进入	enter into
머지않다	不久	soon
진행되다	进行	go off
감소	减少	reduction
부양	赡养	support
평균	平均	average
상실하다	丧失	loss
꺼리다	不愿意	avoid
은퇴	退休	retirement
시기	时期	time
이르다	到达	reach
자살	自杀	suicide
원인	原因	cause
논의하다	讨论	discuss

앞장서다	引导, 带头	lead
정년	退休年龄	retirement age
공통적	共同	common

▶162~163쪽

9 빈부 격차

지니계수	基尼系数	Gini's coefficient
양극화	两极化	polarization
지표	指标	index
수준	程度/水平	level
불안정	不稳定	instability
불만	不满意	dissatisfaction
이어지다	导致	come inte
걸림돌	障碍	obstacle
신용평가사	信用(证券)等级评定机构	rating agencies
스탠더드 앤드 푸어스	标准普尔	Standard & Poor's
방해하다	阻碍/妨碍	hinder
금융	金融	finance
고도	高度	highly
금액	金额	sum
토마 피케티	托马斯·匹克迪	Thomas Picketty
자본	资本	capital
세율	税率	tax rate
집중되다	集中	focused
납부	缴纳	payment

의욕이 꺾이다	心灰意冷	get put off
환원되다	回归	return

1 광고 〈알바천국〉 ▶172~173쪽

천국	天堂	heaven
일자리	职业/工作	job
취업	就业	find employment
등장하다	出现	appear
당당하다	有信心的	confident
당장	马上, 立刻	for now
안정적	稳定	stable
경력	经历	career
구직자	求职者	job seeker
마음껏	尽情	as much as one likes
펼치다	展开	spread
단기간	短期	short term
시간제	按小时, 计时	part-time
인력	劳动力, 人力	labor force
평범하다	平凡	normal
현실	现实	reality

생존	生存	survival
되찾다	恢复	recover
노예	奴隶	slave
인신매매	贩卖人口	human trafficking
팔려가다	被卖	be sold
살아남다	生存	survive
숨기다	隐藏	hide
충고	劝告	advice
누리다	享受	enjoy
열정	热情	passion
허락하다	允许	allow
채찍질	鞭打	whipping
도망치다	逃跑	escape
처형당하다	就刑	be executed
순간	瞬间	moment
외면하다	背过脸去	turn one's face away
전제되다	前提	be required
주어지다	赋予/指定的	given
조건	条件	condition
굴복하다	屈服	submit
효율적	有效	efficient
목재	木材	wood
운반	运送	transportation

선보이다	显示	show
괴롭히다	欺负	harass
저항	抵抗	resistance
학대당하다	被虐待	be mistreated
지켜주다	保护	protect
바람	愿望	wind
진정하다	真诚的	sincere
끈질기다	耐心，坚持不懈	persistent

3 책 〈외투〉 ▶184~185쪽

관료제	官僚制	bureaucracy
소시민	小资产阶级	the petit bourgeois
외투	大衣	overcoat
작가	作家	author
근대	近代	modern times
문학	文学	literature
개척자	先驱者	pioneer
리얼리즘	现实主义	realism
관리	官吏	administration
악	恶	evil
폭로하다	暴露, 揭露	disclose
고발하다	告, 揭发	accuse
부조리하다	不合理的	irrational, unreasonable

말단	末端, 基层	terminal, minor
비극	悲剧	tragedy
생생하다	生动	vivid
궁핍하다	贫穷	poor, impoverished
고위	高位	high rank
절차	程序	procedure
모욕	侮辱	insult
회피하다	规避, 回避	evasion
계급	阶级	class
원칙	原则	principle
문서화	写成文书	documentation
순응하다	顺应	adapt
융통성	灵活性	flexibility
제안하다	建议	suggest
감당하다	承担	afford
도전하다	挑战	challenge
안주하다	不思进取, 满足	settle for
병폐	弊端	evil, malady

청소년 스마트폰 중독의 위험성과 해결 방안

소수에 대한 차별

✔ 다음을 보고 함께 이야기해 보자.

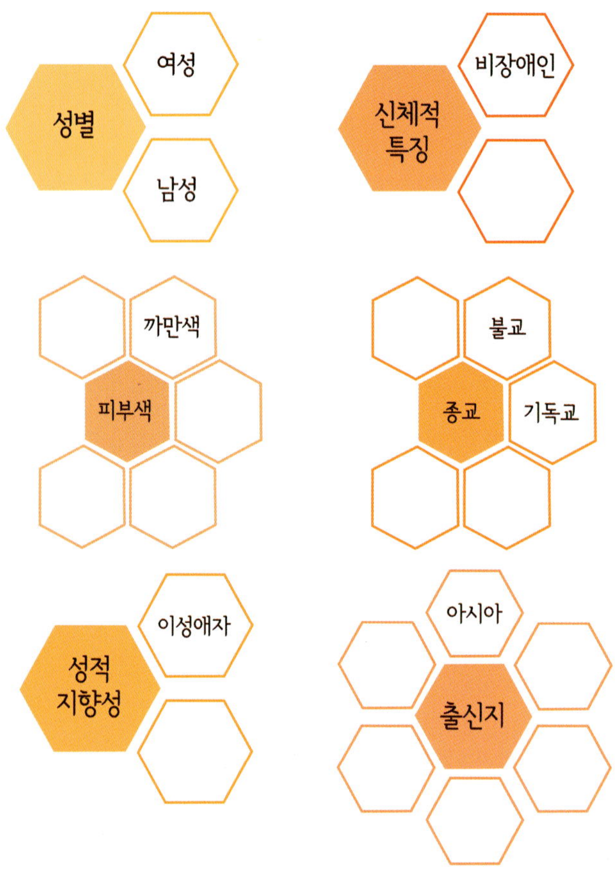

1. 어떤 기준으로 사람을 나눌 수 있습니까? 표를 완성해 봅시다.

2. 위에서 말한 기준에 따라 서로 다른 대우를 받는 것은 합리적입니까?

✔ 다음은 사회적 소수의 인권을 보장하기 위해 만든 제도나 시설의 예이다. 해당
되는 내용을 찾아 표를 완성해 보자. 또 다른 예를 알고 있다면 이야기해 보자.

예	설명	목적
저상버스		장애인이나 노약자가 버스를 타고 내릴 때 큰 불편함을 느끼지 않도록 하기 위해
아이슬란드 육아휴직제도	아이를 키우기 위해 어머니와 아버지 모두 3개월씩 휴가를 사용할 수 있다.	
미국 대법원 동성결혼 합법화		성 소수자인 동성애자 커플에게도 이성애자와 같은 법적, 제도적 권리를 인정해 주기 위해
한국 살구색	기존의 '살색'이라는 용어에 피부색으로 인간을 차별하는 인식이 담겨 있다는 생각에서 이름을 '살구색'으로 변경하였다.	
장애인 고용 의무제		장애인의 일할 권리를 보장하기 위해

소수에 대한 차별

사회적 소수란 여성, 장애인, 이민자, 동성애자와 같이 지배 집단과는 다른 성, 신체적 특성, 성적 지향성을 가진 집단
└ 정의하기(8쪽)

을 말한다. 이들은 다른 특성을 가졌다는 이유로 사회경제적으로 낮은 지위를 지니게 되며, 정치적 의견을 제대로 표출

하지 못하는 등의 차별을 겪는다. 이러한 차별은 사회적 소수의 인권을 침해할 뿐만 아니라 사회 전체의 발전에도 부정
└ 문제점 지적하기
(16쪽)

적인 영향을 끼친다.

소수 집단의 권리를 보장하는 것은 다수 집단의 복지 확대에도 기여할 수 있다. 장애인이 보다 쉽게 이용할 수 있도록

교통 시설과 체계를 바꾸어 간다면 이동이 불편한 노인, 아동, 아동을 동반한 이들도 보다 쉽고 편하게 대중교통을 이용
└ 근거 제시하기(가정)(20쪽)

할 수 있게 될 것이다. 여성의 사회 참여를 가로막고 있는 육아 문제도 마찬가지이다. 여성과 함께 남성이 육아를 담당

할 수 있게 되면 남성 역시 가족과 함께하는 시간이 늘어나고 이해관계와 경쟁 중심의 생활에서 벗어날 수 있을 것이다.
└ 근거 제시하기(가정)(20쪽)

이렇게 제도를 바꾸는 것은 막대한 비용이 들기 때문에 비효율적이라는 주장이 있다. 그러나 장기적으로 볼 때 사회 전
└ 반론하기(24쪽)

체의 복지를 확충할 수 있으므로 꼭 필요하다고 본다.

소수 집단의 가치와 문화를 존중하는 것은 인류의 문화를 더욱 다양하고 풍부하게 할 수 있다는 점에서 의의를 가진
└ 의의 제시하기(26쪽)

다. 과거 사회적 약자였던 유대인들은 그들의 종교와 철학을 바탕으로 세계적인 인재를 배출하고 있다. 또한 흑인 음악은

그들만의 독특한 감성과 리듬을 바탕으로 현대 대중음악의 폭을 넓혔다. 여성의 사회 참여가 늘면서 인류의 발전에 공헌

하는 여성도 과거 사회보다 훨씬 많아졌다. 실제로 2014년 세계 여성 정치인의 비율은 21.8%로 꾸준히 증가하는 추세이
└ 근거 제시하기(사례)(23쪽)   └ 현황 제시하기
(12쪽)

다. 만약 인류가 여전히 유럽계 백인 남성만의 가치를 고집하였다면 이와 같은 변화와 발전을 이루기는 어려웠을 것이다.
└ 근거 제시하기(가정)(20쪽)

지금까지 소수 집단은 지배 집단과 다르다는 이유로 차별과 배제의 대상이 되었다. 그러나 소수 집단의 가치와 문화

를 인정하고 받아들이면 사회는 더욱 다양해지고 발전한다. 따라서 소수 집단에 대한 차별을 폐지하고 합당한 정치 경

제적 권리를 보장해야 할 것이다.
└ 주장하기(글 마칠 때)(18쪽)

장애인	이민자	동성애자	성	지향성	지위
지니다	표출하다	기여하다	이동	동반하다	가로막다
육아	이해관계	장기적	확충하다	풍부하다	유대인
철학	바탕	인재	배출하다	흑인	독특하다
감성	리듬	폭	공헌하다	꾸준하다	백인
고집하다					

✔ 윗글을 읽고 다음 질문의 답을 찾아보자.

1. 사회적 소수란 무엇을 말합니까?

2. 소수 집단을 차별하는 것은 어떤 점에서 문제가 됩니까?

3. 소수 집단의 권리를 보장하는 것은 어떤 점에서 도움이 됩니까?

4. 소수 집단의 가치와 문화를 존중하는 것은 어떤 의의가 있습니까?

✔ 다음 표를 사용해 글의 내용을 정리해 보자.

소수에 대한 차별

서론
- 소수 집단의 정의

- 소수 집단 차별의 문제점

본론 1
- 소수 집단의 권리를 보장해야 하는 이유

본론 2
- 소수 집단의 가치와 문화를 존중해야 하는 이유

결론
- 소수 집단 권리 보장의 필요성 강조

✔ 빈칸에 알맞은 표현을 써 보자.

　소수 집단의 권리를 보장하는 것은 다수 집단의 복지 확대에도 기여할 수 있다. 장애인들이 보다 쉽게 이

용할 수 있도록 교통 시설과 체계를 바꾸어 가다　　　　　　　　　　　　　　　　　　　　　　　이
　　　　　　　　　　└ 근거 제시하기(가정)(20쪽)
동이 불편한 노인, 아동, 아동을 동반한 이들도 보다 쉽고 편하게 대중교통을 이용할 수 있게 되다

　　　　　　　　　　　　　　　. 이렇게 제도를 바꾸는 것은 막대한 비용이 들기 때문에 비효율적

　　　　　　　　　　　　　　　　　　　　　　　　.　　　　┴

　└ 반론하기(24쪽)
장기적으로 볼 때 사회 전체의 복지를 확충할 수 있다　　　　　　　　　　　꼭 필요하
　　　　　　　　　　　　　　　　　　┴
다　　　　　　　　　　　　　　　.
　　　　　　　　　└

✔ 빈칸에 알맞은 내용을 써 보자.

　소수 집단의 가치와 문화를 존중하는 것은 인류의 문화를 더욱 다양하고 풍부하게 한다는 점에서 의의가 있다.

과거 사회적 약자였던 유대인들은　　　　　　　　　　　　　　　　　　　　　고

있다. 또한 흑인 음악은　　　　　　　　　　　　　　　　　　　　.

여성의 사회 참여가 늘면서 인류의 발전에 공헌하는 여성들도 과거 사회보다 훨씬 많아졌다. 실제로

　　　　　　　　　　　　　　　. 만약 인류가 여전히 유럽계 백인 남성만의 가치를

고집하였다면 이와 같은 변화와 발전을 이루기는 어려웠을 것이다.

✔ '차별 금지법'이라는 제목의 글을 쓰기 위해 필요한 내용을 써 보자.

차별 금지법

서론

- 차별 금지법의 정의
- 차별 금지법 제정 노력과 현황
- 차별 금지법에 대한 찬반 논란

　　차별 금지법이란 ＿＿＿＿＿＿＿＿＿＿＿＿＿＿＿＿＿＿을/를 말한다. 지금까지 차별금지법을 제정하기 위한 노력이 계속되어 왔지만 ＿＿＿＿＿＿＿＿＿＿＿＿＿＿＿＿＿＿＿＿고 있다. 차별 금지의 대상, 차별 시정을 법제화하는 것에 대해서 의견의 차이가 크기 때문이다.

본론 1

- 차별 금지 대상에 대한 논란

　　차별 금지의 대상에 성 소수자인 동성애자를 포함하는 문제에 대한 의견 차이는 법 제정의 가장 큰 걸림돌이 되고 있다. 찬성하는 이들은 ＿＿＿＿＿＿＿＿＿＿＿＿＿＿＿＿＿＿＿＿＿＿＿＿＿＿＿＿＿＿＿＿＿＿＿＿＿는다고 한다. 반면에 반대하는 쪽에서는 ＿＿＿는다고 주장한다.

본론 2

- 차별 시정의 법제화 문제

　　또 다른 쟁점은 차별이 발생할 경우 이를 어떻게 시정하게 할지의 문제이다. 차별을 방지하기 위해서는 차별 행위에 대해 벌금을 부과하고, 시정 명령에 따르도록 하는 등의 제도가 필요하다는 주장이 있다. 그러나 이러한 제도가 ＿＿＿＿＿＿＿＿＿＿＿＿＿＿＿＿＿＿＿＿＿＿＿＿＿＿＿＿＿＿＿＿＿＿＿＿＿＿＿는다는 점에서 반대하는 이들도 많다.

결론

- 차별 금지법의 의의
- 차별 금지법에 대한 합의 강조

　　차별 금지법은 세계인권선언, 국가인권위원회법 등에서 기본적으로 보장하고 있는 평등권을 구체적으로 보장한다는 점에서 의의가 있다. 그러나 ＿＿＿＿＿＿＿＿＿＿＿＿＿＿＿＿＿＿＿＿＿＿＿＿＿＿＿＿＿＿＿고 있다. 따라서 ＿＿＿＿＿＿＿＿＿＿＿＿＿＿＿＿＿＿＿＿＿＿어야 할 것이다.

차별 금지법

5

과학 기술의 양면성

✔ 다음을 보고 이야기해 보자

〈로버트 오펜하이머〉

1. 오펜하이머가 만든 무기는 무엇입니까?

2. 오펜하이머는 왜 이러한 고민을 하게 되었습니까?

 다음을 보고 이야기해 보자.

현대 과학 기술의 성과

- 원자력 기술의 개발로 인한 에너지 문제 해결

- 의학 기술 발달로 인한 수명 연장

-

-

현대 과학 기술이 낳은 문제

- 환경 오염

-

-

-

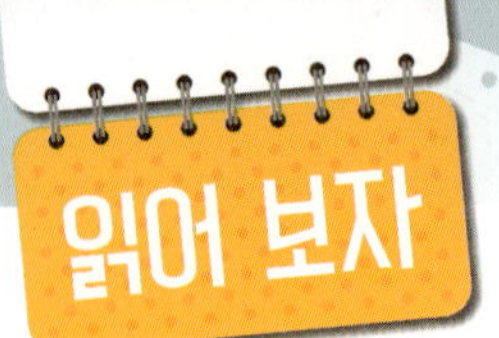

과학 기술의 양면성

인류는 과학 기술을 발전시켜 질병을 줄이고 수명을 연장했다. 또한 유전자 변형 식품을 개발함으로써 식량 문제를 해

결할 수 있게 되었다. 또 원자력 기술을 이용해 적은 원료로 대량의 에너지를 생산하기에 이르렀다. 그러나 이렇게 우리
└ 현황 제시하기(12쪽)　　　　　　　　　　　　　　　　└ 현황 제시하기(12쪽)

의 생활을 편리하게 만들어 준 과학 기술은 어두운 면도 가지고 있다. 난치병을 치료하기 위해 개발한 줄기세포는 인간

생명의 존엄성을 위협할 우려가 있다. 유전자 변형 기술은 생태계에 부정적인 영향을 미칠 위험이 있으며, 원자력 기술은
└ 문제점 지적하기(16쪽)　　　　　　　　　　　　└ 문제점 지적하기(16쪽)

인류의 안전을 위태롭게 하기도 한다. 이처럼 과학 기술은 어떻게 사용하느냐에 따라 약이 될 수도, 독이 될 수도 있다.

생명공학에 반대하는 대표적 학자, 제레미 리프킨은 유전자 변형 식품이 잠재적 위험성을 가지고 있다고 경고한다.
　　　　　　　　　　　　　　　　└ 근거 제시하기(전문가의 견해)(21쪽)

그는 유전자 변형 식품의 유해성을 부정하던 기업들이 결국 유전자 조작으로 인한 토양 오염을 시인했다고 지적했다. 유
└ 근거 제시하기(전문가의 견해)(21쪽)

전자변형 식품은 과학 기술을 이용하여 자연적으로 존재할 수 없는 물질을 만들어 낸 것이므로 자연 생태계를 교란하고

인체에도 심각한 영향을 미칠 수 있다. 이와 같이 새로운 과학 기술의 안전성이 충분히 확인되지 않은 상황에서는 기술의
└ 문제점 지적하기(16쪽)

개발과 사용을 엄격히 제한하고 규제해야 한다. 그리고 소비자에게 기술의 사용 여부와 위험성을 명확하게 알려야 한다.
└ 주장하기(18쪽)　　　　　　　　　　　　　　　　　　　　　└ 주장하기(18쪽)

원자력 발전 기술은 그동안 에너지 고갈을 해결할 수 있는 효과적인 방법으로 인정받아 왔다. 그러나 여러 차례의 원

자력 발전소 사고를 통해 그 위험성이 여실히 드러났다. 실제로 1986년에 발생한 체르노빌 원자력 발전소 폭발 사건으
└ 근거 제시하기(사례)(23쪽)

로 수많은 사람이 목숨을 잃었고, 그로 인한 방사능 오염은 여전히 해결되지 않고 있다. 이처럼 위험한 과학 기술의 사용

을 적절히 통제하지 못하면 체르노빌에서와 같은 사고가 되풀이될 것이다. 2011년에 발생한 후쿠시마 원자력 발전소 사
└ 근거 제시하기(가정)(20쪽)

고가 이를 증명한다. 원자력 발전 기술은 사고가 났을 때 회복 불가능한 피해를 가져올 수 있으므로 사고를 막기 위해서
└ 해결 방안 제시하기
　(19쪽)

는 관리를 엄격하게 해야 할 뿐만 아니라 사용 중단도 검토할 필요가 있다.

유전자 변형 식품과 원자력 발전 기술로 인류는 이익을 얻을 수도 있지만 위험에 노출될 가능성도 그만큼 늘었다.

따라서 과학 기술로 얻을 수 있는 경제적 이익보다 과학 기술이 인간과 환경에 미칠 영향을 먼저 생각해야 할 것이다.
　　　　　　　　　　　　　　　　　　　　　　　　　　　　　　└ 주장하기(글 마칠 때)(18쪽)

발전시키다	질병	유전자 변형 식품	개발	식량	원료
면	줄기세포	위태롭다	독	생명공학	제레미 리프킨
잠재적	조작	토양	시인하다	존재하다	교란하다
안전성	확인되다	여부	명확하다	고갈	인정받다
차례	발전소	여실히	드러나다	폭발	목숨
방사능	여전히	되풀이되다	증명하다		

✔ 윗글을 읽고 다음 질문의 답을 찾아보자.

1. 과학 기술의 발전이 이룬 성과는 무엇입니까?

2. 유전자 변형 식품의 위험성은 무엇입니까?

3. 과학 기술의 위험성을 줄일 수 있는 방법은 무엇입니까?

✔ 다음 표를 사용해 글의 내용을 정리해 보자.

<table>
<tr><td colspan="2">과학 기술의 양면성</td></tr>
<tr><td>서론</td><td>• 과학 기술 발전의 긍정적 효과

• 과학 기술 발전의 위험성

</td></tr>
<tr><td>본론 1</td><td>• 유전자 변형 식품의 유해성

• 새로운 과학 기술 사용의 통제와 관리</td></tr>
<tr><td>본론 2</td><td>• 원자력 발전 기술의 위험성

• 원자력 발전 사고를 방지하기 위한 노력

</td></tr>
<tr><td>결론</td><td>• 과학 기술의 양면성

• 과학 기술의 양면성에 대한 인식 강조</td></tr>
</table>

✔ 빈칸에 알맞은 표현을 써 보자.

　원자력 발전 기술은 그동안 에너지 고갈을 해결할 수 있는 효과적인 방법으로 인정받아 왔다. 그러나 여러

차례의 원자력 발전소 사고를 통해 그 위험성이 여실히 드러났다. 　　　　　　　　　　　　　　　　　1986
　　　　　　　　　　　　　　　　　　　└ 근거 제시하기(사례)(23쪽)

년에 발생한 체르노빌 원자력 발전소 폭발 사건으로 수많은 사람들이 목숨을 잃었고, 그로 인한 방사능 오염은

여전히 해결되지 않고 있다. 이처럼 위험한 과학 기술의 사용을 적절히 통제하지 못하다
　　　　　　　　　　　　　　　　　　　　　　　└ 근거 제시하기(가정)(20쪽)

　　　　　　　　　　　　　　　체르노빌과 같은 사고가 되풀이되다

　　　　　　　　　　. 이러한 사고를 막다
　　　　　　　　　　　└ 해결방안 제시하기(19쪽)

관리를 엄격하게 해야 할 뿐만 아니라 사용 중단도 검토하다　　　　　　　　　　　　　　　.

✔ 빈칸에 알맞은 내용을 써 보자.

　생명공학에 반대하는 대표적 학자, 제레미 리프킨은

는다고 경고한다. 유전자 변형 식품은 과학 기술을 이용하여 자연적으로 존재할 수 없는 물질을 만들어 낸

것이므로　　　　　　　　　　　　　　　　　　　　　　　　　　　　　.

이와 같이 새로운 과학 기술의 안전성이 충분히 확인되지 않은 상황에서는

　　　　　　　　　　　　　　　　　어야 한다.

✔ '과학 기술과 윤리'라는 제목의 글을 쓰기 위해 필요한 내용을 써 보자.

과학 기술과 윤리

서론

- 과학 기술 발전의 현황
- 과학 기술 발전의 부정적 결과 : 윤리적 문제

> 과학 기술은 끊임없이 발전하여 ________________________________
>
> 게 되었다. 이로 인해 ________________________________는 문제가 나타났다.
>
> 그러므로 과학 기술을 연구, 개발, 사용할 때에는 반드시 윤리적 문제를 고려해야만 한다.

본론 1

- 인간 복제 기술의 문제점: 생명 윤리
- 무분별한 과학 기술 개발의 문제점: 환경 윤리

> 인간 복제 기술은 난치병 치료에 큰 도움을 줄 수 있다. 그러나 인간 복제 기술의 가장 큰 문
>
> 제는 ________________________는다는 것이다. 이는 ________________에
>
> 부정적인 영향을 미친다. 또한 무분별한 과학 기술 개발로 인해 ________________
>
> ________________________는 문제가 나타났다.

본론 2

- 기술 개발과 사용에 대한 규제 강화
- 연구 윤리의 확립

> 과학 기술이 생명이나 환경에 미치는 부정적인 영향을 최소화하기 위해서는 ________
>
> ________________어야 한다. 또한 ________________________음으로써 ______
>
> ________________을 수 있다. 두 가지 노력을 병행해 간다면 ________________
>
> ________________________을 것이다.

결론

- 과학 기술의 위험성 경고
- 연구 윤리의 필요성 강조

>

과학 기술과 윤리

6

CCTV 설치

✔ 다음을 보고 이야기해 보자.

목적	방범 및 화재예방, 시설안전관리
촬영시간	24시간 연속 촬영 및 녹화
촬영범위	주차장, 승강장 등 단지내 주요시설
책임자	관리사무소장 T.123-4567

CCTV 설치안내

CCTV 설치안내

본 시설물(CCTV)은 안전한 수련시설환경
조성 및 시설물 관리를 위하여 설치한 것으로
본 시설과 관련된 문의 및 신고 사항이
있으시면 아래의 전화번호로 연락 주시기
바랍니다.

1. 설치목적 : 범죄예방, 시설물관리
2. 촬영범위 : ○○시 청소년문화센터 내, 외부
3. 촬영시간 : 연중
4. 담당부서 : 수련시설운영팀
5. 연락처 : 070-1234-5678

○○시청소년문화센터

1. 우리 주변에는 CCTV가 얼마나 많이 설치되어 있습니까?

2. CCTV가 설치된 것을 보면 어떤 생각이 듭니까?

3. CCTV 설치 안내문을 본 적이 있습니까? 이와 같은 안내문은 왜 필요하다고 생각합니까?

✔ 다음을 보고 이야기해 보자.

한 프로야구 구단이 CCTV를 통해 선수들을 감시한 것이 알려져 논란이 되었다. 구단에서는 선수들이 원정 경기를 치르는 동안 술을 마시거나 다른 사람들과 어울리는 등의 행동이 다음 날 경기에 나쁜 영향을 끼친다는 이유로 숙소의 CCTV를 통해 선수들의 출입을 감시해 왔다.

대전의 한 어린이집에서는 교사가 아이를 폭행하는 사건이 발생하자 교사들의 반대에도 불구하고 CCTV를 설치했다. 이후 어린이집 교사들이 CCTV에 비닐봉지를 씌워 촬영이 되지 않도록 하자 어린이집은 교사들을 업무방해 혐의로 고소했다. 법원은 동의 없이 설치된 CCTV의 촬영을 막은 것은 개인 정보 보호를 위한 정당한 대처라고 판단해 무죄를 선고했다.

1. 사람들이 CCTV 설치에 반대하는 이유는 무엇이라고 생각합니까?

2. CCTV 설치에 대해 서로 의견이 다른 경우 어떻게 해야 합니까?

CCTV 설치 확대를 제한해야 한다

CCTV는 범죄를 예방함으로써 국민의 안전을 지키고, 이미 발생한 범죄를 효율적으로 해결하기 위해 설치되었다. 나날이 범죄가 늘어나면서 요즘에는 거리뿐만 아니라 대중교통, 병원, 학교, 상점 등 거의 모든 공공장소에 CCTV를 설치하기에 이르렀다. 그러나 개인의 사생활을 침해할 수 있으므로 CCTV 설치 확대를 제한할 필요가 있다.
└ 현황 제시하기(12쪽)　　　　　　　　　　　　　　　└ 주장하기(18쪽)

여러 연구에 의하면 CCTV가 절도나 자동차 파괴 행위 등의 범죄를 줄이고, 범죄자를 잡는 데에도 도움이
└ 근거 제시하기(전문가의 견해)(21쪽)

된다고 한다. 실제로 2014년 부산에서는 CCTV를 활용한 범인 검거 수가 2013년에 비해 80건 정도 늘었고, 그 결과 범
└ 근거 제시하기(사례)(23쪽)

죄 발생률도 37.5% 감소하였다. 또한 CCTV에 녹화된 영상 자료는 범죄를 입증할 수 있는 중요한 자료로 활용될 수 있다. 이러한 장점에도 불구하고 공공장소에 CCTV를 설치하는 것에 반대하는 의견도 많다.

신문 기사에 의하면 2015년 현재까지 한국에 설치된 CCTV는 약 450만 대에 달한다고 한다. 이는 영국에 이어
└ 인용하여 현황 제시하기(12쪽)

두 번째로 많은 수치이다. CCTV가 이렇게 많다 보니 사람들이 자신도 모르는 사이에 CCTV 카메라에 찍히고 있다. 개인이 인식하지 못하는 상태에서 촬영하는 것은 초상권 침해로 헌법에 보장된 사생활의 자유를 침해하는 것이다.

만약 CCTV에 촬영된 자료가 제3자에게 노출된다면 개인 정보가 유출되어 범죄에 악용될 수 있을 것이다. 따라서 CCTV
└ 근거 제시하기(가정)(20쪽)

설치 확대는 제한해야 한다. CCTV를 꼭 설치해야 하는 경우에는 설치 규정을 엄격하게 적용함으로써 개인 정보를 보호
└ 주장하기(18쪽)　　　　　　　　　　　　　　　└ 해결 방안 제시하기(19쪽)

해야 한다. 실제로 유럽의 개인정보 보호법에서는 정당한 근거가 있으며, 설치 시에 정보 보호관에게 알리고, 설치 사실
└ 근거 제시하기(사례)(23쪽)

을 명확하게 밝혀야 공공장소에 CCTV를 설치할 수 있다고 규정하고 있다.

CCTV는 범죄를 예방한다는 장점도 있지만 개인의 사생활을 침해할 우려가 있으므로 설치 확대를 제한해야 한다. 공
└ 문제점 지적하기(16쪽)　　　　　└ 주장하기(18쪽)

익을 위해 CCTV를 설치해야 한다면 개인들에게 설치 사실과 목적 등을 정확히 알려야 한다. 또한 CCTV로 수집된 개인
└ 주장하기(18쪽)

정보를 관리·감독할 수 있는 제도를 마련해야 할 것이다.
└ 주장하기(글 마칠 때)(18쪽)

| 공공장소 | 침해하다 | 절도 | 검거 | 녹화되다 | 자료 | 입증하다 |
| (한) 대 | 초상권 | 헌법 | 감독하다 | | | |

✔ 윗글을 읽고 다음 질문의 답을 찾아보자.

1. CCTV의 설치는 어떤 효과가 있습니까?

2. CCTV를 설치하면 어떤 문제가 생길 수 있습니까?

3. 개인 정보를 보호하기 위해서는 어떻게 해야 합니까?

✔ 다음 표를 사용해 글의 내용을 정리해 보자.

CCTV 설치 확대를 제한해야 한다

서론

- CCTV 설치의 목적

- CCTV 설치의 현황
- CCTV 설치 확대의 제한 필요성

본론 1

- CCTV 설치의 효과

본론 2

- CCTV 설치의 문제점

- 해결 방안

결론

- CCTV 설치 확대의 제한과 제도 마련의 필요성 강조

✔ 빈칸에 알맞은 표현을 써 보자.

CCTV에 촬영된 자료가 제3자에게 **노출되다**　　　　　　　　　　개인 정보가 유출되어 범죄에
└ 근거 제시하기(가정)(20쪽)

악용될 수 있다　　　　　. 따라서 CCTV 설치 확대는 **제한하다**　　　　　. CCTV를
└ 주장하기(18쪽)

꼭 설치해야 하는 경우에는 설치 규정을 엄격하게 **적용하다**　　　　　　　개인 정보를
└ 해결 방안 제시하기(19쪽)

보호하다　　　　　.　　　　유럽의 개인정보 보호법　　　　정당한
└ 근거 제시하기(사례)(23쪽)

근거가 있으며, 설치 시에 정보 보호관에게 통지하고, 설치 사실을 명확하게 밝혀야 공공장소에 CCTV를 설치

할 수 있다고 규정하고 있다.

✔ 빈칸에 알맞은 내용을 써 보자.

CCTV는 범죄를 예방한다는 장점도 있지만 개인의 사생활을 침해할 우려가 있으므로

　　　　　　　어야 한다. 공익을 위해 CCTV를 설치해야 한다면

　　　　　　　어야 한다. 또한

어야 할 것이다.

✔ '정보화 사회와 개인 정보 보호'라는 제목의 글을 쓰기 위해 필요한 내용을 써 보자.

정보화 사회와 개인 정보 보호

서론

• 정보화 사회의 정의와 편리함
• 개인 정보 노출의 위험성

정보화 사회란 ________________________________을/를 말한다. 이러한 사회에서는 정보 기술을 사용하여 누구나 손쉽게 많은 정보를 이용할 수 있다. 그러나 정보의 수집과 이용의 과정 에서 ________________________________을 위험성이 있다.

본론 1

• 정보화 사회에서의 개인 정보 활용: 범죄 예방과 해결
　　　　　　　　　(CCTV 녹화 영상, 신용카드 사용 내역, 휴대폰 통화 내역)

정보화 사회에서 개인 정보는 공익을 위해 활용될 수 있다. 범죄를 예방하고 해결하기 위해 ________________________________는 것이 대표적인 예이다.

실제로 ________________________________

________________________________.

본론 2

• 개인 정보 활용의 문제점
• 개인 정보를 보호하기 위한 노력

결론

• 정보화 사회의 양면성
• 개인 정보 보호의 중요성 강조

정보화 사회는 수많은 정보를 수집하고 이용할 수 있기 때문에 양면성을 가진다. ________________________________는 반면에 ________________________________을 위험성도 있는 것이다. 따라서 ________________________________어야 할 것이다.

정보화 사회와 개인 정보 보호

7 지구 온난화

✔ 다음을 보고 이야기해 보자.

<가> 키리바시 공화국, 나라를 옮긴다

<나> 자연재해로 몸살 앓는 지구

<다> 탄소세가 해답이다

<라> 인류의 생존을 위협하는 온실 가스

1. 기사의 제목이 의미하는 것은 무엇입니까?

2. 기사의 내용에 대해 알고 있는 것을 이야기해 봅시다.

✔ 앞의 기사 제목과 어울리는 본문을 찾아보자.

<1>　미국국립해양대기청(NOAA)은 2014년 전 세계 온실 가스 배출량이 사상 최대치를 기록했다고 밝혔다. 이로 인해 2014년 지구의 평균 온도는 135년 만에 최고치를 기록했고, 그 결과 빙하가 녹아내려 해수면 높이도 역대 최고를 기록했다. (…)

<2>　남태평양의 작은 섬, 키리바시 공화국은 인구 전체가 다른 나라로 이주할 계획을 가지고 있다. 섬의 고도가 2m 정도인데 해수면이 점점 상승하면서 섬이 잠길 위기에 처해 있기 때문이다. (…)

<3>　2015년 5월과 6월 사이, 인도에서는 불볕더위로 2,000명이 넘는 사람들이 목숨을 잃었다. 이 기간 인도의 최고 기온은 50℃에 달했다. 2015년 중국은 폭우와 홍수에 시달렸고, 미국은 가뭄으로 고통을 겪었다. (…)

<4>　지구 온난화 문제를 연구해 온 전문가들은 탄소세가 가장 강력한 해결책이라고 이야기한다. 탄소세란 석유, 석탄 등 이산화탄소를 배출하는 화석 연료의 사용량에 따라 세금을 부과하는 제도를 말한다. (…)

지구 온난화

지구 온난화란 지구의 표면 온도가 상승하는 현상을 말한다. 화석 연료를 사용하는 과정에서 발생하는 이산화탄소와
└ 정의하기(8쪽)

메탄 등의 기체가 지구 온도의 균형을 깨뜨려 온난화가 일어나게 된 것이다. 온난화에 따른 기후 변화로 폭설, 집중호우,
└ 설명 덧붙이기(9쪽)

가뭄과 같은 이상기후에 전 세계가 몸살을 앓고 있는 실정이다. 2014년 1월 캐나다와 미국에서는 한파와 폭설로, 남미에
└ 현황 제시하기(12쪽)

서는 100년 만에 50도가 넘는 폭염으로, 동남아 일대에서는 이례적인 한파로 수많은 피해가 생긴 것이 대표적인 예이다.
└ 예시하기(10쪽)

지구 온난화로 인한 기후 변화의 가장 큰 문제는 해수면이 상승하는 것이다. 2000년 7월 미국항공우주국(NASA)의 발
└ 문제점 지적하기(16쪽)

표에 따르면 지구 온난화로 그린란드의 빙하가 녹아내려 지난 100년 동안 해수면이 약 23cm 상승하였다고 한다. 이로
└ 근거 제시하기(통계 자료)(22쪽)

인해 투발루 같은 섬나라가 사라질 위기에 처했으며 이러한 상태가 계속된다면 뉴욕이나 상하이 등의 해안 도시도 잠길
└ 문제점 지적하기(16쪽)

위험이 있다. 또한 북극곰을 비롯한 많은 동식물이 멸종 위기에 처해 있다.
└ 문제점 지적하기(16쪽)　　　　　　　　　　　　　　└ 문제점 지적하기(16쪽)

지구 온난화를 막기 위해서는 이산화탄소의 배출량을 줄여야 한다. 1992년에 이산화탄소를 비롯한 온실가스의 사용
└ 해결 방안 제시하기(19쪽)

을 제한하는 기후 변화 협약이 채택되었으며 현재 192개국이 협약을 체결한 상태이다. 그러나 강제성이 없어 실제적인

효과는 기대하기 어렵다. 따라서 개별 국가가 협약을 준수할 수 있도록 구속력을 높여야 한다. 유럽연합에서 실시하고
└ 주장하기(18쪽)

있는 탄소세 부과 제도도 확대 적용할 필요가 있다.
└ 주장하기(18쪽)

동시에 화석 연료를 대체할 수 있는 신재생 에너지 개발에 힘써야 한다. 신재생 에너지란 수소 등의 신에너지와 햇빛,
└ 주장하기(18쪽)

바람, 지열 등을 이용한 재생 에너지를 합쳐 부르는 말이다. 실제로 IT 기업 애플은 전 세계에 위치한 회사 시설의 87%
└ 근거 제시하기(사례)(23쪽)

를 재생 에너지로만 가동하고 있다고 밝혔다. 그 결과 제품 1개당 탄소 배출량이 2011년 이후 계속 줄어들고 있다고 한

다. 또한 덴마크에서는 국내 소비 전력의 20%를 풍력으로 생산하고 있다.

지구 온난화의 문제는 개인, 한 기업, 한 나라만의 문제가 아닌 전 세계의 문제이다. 지금까지 살아온 우리의 지구를

잘 지키고 보존하여 우리의 후손에게 물려주기 위해서 전 세계가 노력해야 할 것이다.
└ 주장하기(글 마칠 때)(18쪽)

지구	표면	상승하다	과정	메탄	기체
깨뜨리다	일어나다	한파	폭염	일대	이례적
해수면	미국항공우주국	그린란드	빙하	녹아내리다	온실가스
채택되다	실제적	준수하다	구속력	실시하다	탄소세
수소	지열	합치다	줄어들다	전력	풍력
보존하다	후손	물려주다			

✔ 윗글을 읽고 다음 질문의 답을 찾아보자.

1. 지구 온난화란 무엇입니까?

2. 지구 온난화의 원인은 무엇입니까?

3. 지구 온난화로 인한 문제에는 어떤 것이 있습니까?

4. 지구 온난화를 막기 위해서는 어떻게 해야 합니까?

다음 표를 사용해 글의 내용을 정리해 보자.

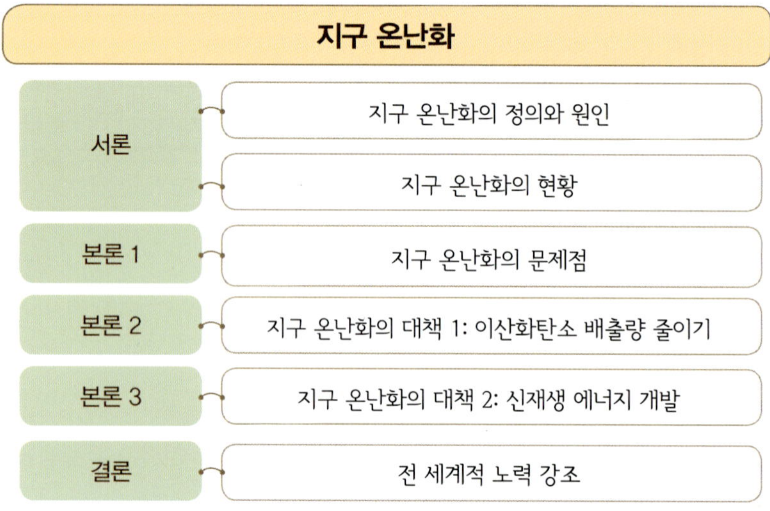
지구 온난화
서론
지구 온난화의 정의와 원인
지구 온난화의 현황
본론 1
지구 온난화의 문제점
본론 2
지구 온난화의 대책 1: 이산화탄소 배출량 줄이기
본론 3
지구 온난화의 대책 2: 신재생 에너지 개발
결론
전 세계적 노력 강조

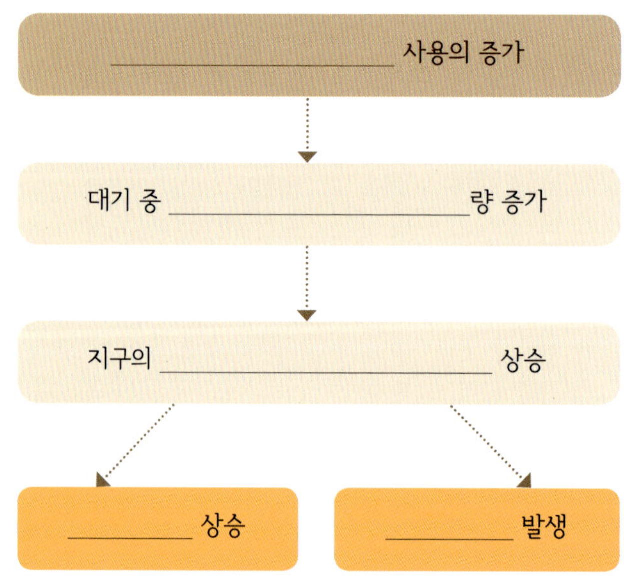
________________ 사용의 증가
대기 중 ________________ 량 증가
지구의 ________________ 상승
________ 상승
________ 발생

✔ 빈칸에 알맞은 표현을 써 보자.

지구 온난화   지구의 표면 온도가 상승하는 현상   . 화석
       └ 정의하기(8쪽)

연료를 사용하는 과정에서 발생하는 이산화탄소와 메탄 등의 기체가 지구 온도의 균형을 깨뜨려 온난화가 일어

나게 되다   . 온난화에 따른 기후 변화로 폭설, 집중호우, 가뭄과 같은 이상기후에
└ 설명 덧붙이기(9쪽)

전 세계가 몸살을 **앓다**   . 2014년 1월 캐나다와 미국에서는
          └ 현황 제시하기(12쪽)

한파와 폭설로, 남미에서는 100년 만에 50도가 넘는 폭염으로, 동남아 일대에서는 이례적인 한파로 수많은 피

해가 생긴 것   .
          └ 예시하기(10쪽)

✔ 빈칸에 알맞은 내용을 써 보자.

지구 온난화로 인한 기후 변화의 가장 큰 문제는 해수면이 상승하는 것이다. 2000년 7월 미국항공우주국

(NASA)의 발표에 따르면 지구 온난화로 그린란드의 빙하가 녹아내려 지난 100년 동안 해수면이 약 23cm

상승하였다고 한다. 이로 인해

을 위기에 처했으며 이러한 상태가 계속된다면

을 위험이 있다. 또한

위기에 처해 있다.

✔ '탄소세 도입의 필요성'이라는 제목의 글을 쓰기 위해 필요한 내용을 써 보자.

탄소세 도입의 필요성

서론

- 탄소세의 정의
- 탄소세 적용 현황
- 탄소세 도입의 검토 필요

탄소세란 ____ 을/를 말한다. 현재 탄소세는 ____ ________________________고 있다. 이제는 한국도 이러한 노력에 동참해야 할 필요가 있다.

본론 1

- 지구 온난화 문제의 심각성 ┌ 전문가의 견해

본론 2

- 탄소세 적용 반대에 대한 반론

일부 사람들은 탄소세 적용으로 인해 기업과 개인의 비용 부담이 늘어난다고 주장한다. 그러나 ____________________는다는 점에서 ____________________는다고 본다. 또한 탄소세 도입으로 오히려 경제 성장과 온실가스 감축이라는 두 가지 목표를 모두 달성한 사례도 있다. 실제로 ____.

결론

- ____

탄소세 도입의 필요성

고령화 사회

✔ 다음을 보고 이야기해 보자.

〈한국의 65세 이상 인구 비중〉

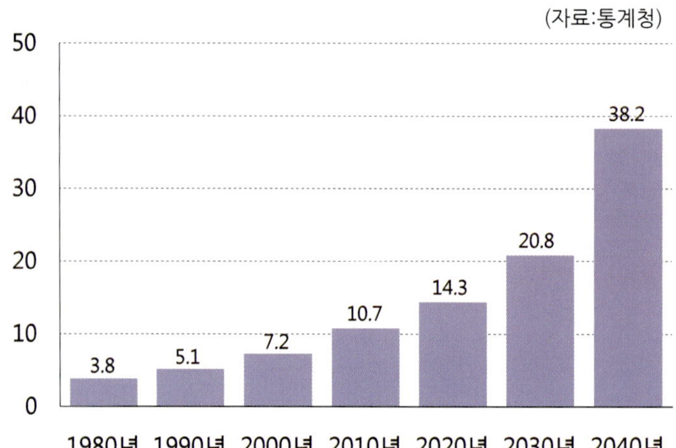

유럽에서 생겨난 '원 차일드 식스 포켓(one child, six pocket)'이란 말은 한 명의 아이가 부모, 조부모, 외조부모의 돈을 쓴다는 뜻이다. 그러나 이는 한 아이가 커서 6명의 노인을 부양해야 한다는 것을 의미한다.

1. 노인 인구의 증가가 계속될 때 어떠한 문제가 발생할 것이라고 생각합니까?

2. 이러한 문제를 해결하기 위해서는 어떻게 해야 합니까?

✔ 다음의 단어가 무엇을 의미하는지 연결해 보자.

독거노인	노인들의 건강 유지와 생활 안정을 돕기 위해서 요양 시설, 돌봄 서비스를 제공하고, 노인 일자리를 확대하는 것
노인복지	65세 이상 노인 인구의 비율이 전체 인구의 7% 이상, 14% 미만인 사회
실버산업 (고령 친화 사업)	가족 없이 혼자 살아가는 노인
기초노령연금	노인에게 필요한 물건을 판매하거나 의료 · 복지 시설 등을 설립 및 운영하는 산업
고령화 사회	생활이 어려운 65세 이상 노인을 대상으로 매달 생활비를 보조해 주는 제도

고령화 사회

UN은 65세 이상 노인 인구의 비율이 전체 인구의 7% 이상을 차지하는 사회를 고령화 사회, 14% 이상인 경우를 고령 사회, 20% 이상인 경우를 초고령 사회로 규정하고 있다. 한국은 이미 2000년 7월 고령화 사회에 진입했고 이러한 추세라면 초고령 사회에 진입할 날도 머지않았다. 인구의 고령화가 진행됨에 따라 한국 사회는 노동력 감소, 노인 부양 문제, 노인 빈곤 등의 문제가 나타나게 되었다.
└─ 문제점 지적하기(16쪽)+현황 제시하기(12쪽)

기획재정부 자료에 의하면 한국의 65세 이상 노인들의 빈곤율은 49%로 경제협력개발기구(OECD) 평균인 13%보다 3
└─ 인용하여 현황 제시하기(12쪽)

배 이상 높은 것으로 나타났다. 노인이 경제력을 상실한데다가 가족들이 노인 부양을 꺼리기 때문이다. 한국은 은퇴 시기가 이르고 노인이 일할 자리가 없으며, 이러한 노인들을 위한 복지 제도가 마련되어 있지 않아 문제가 더욱 심각하다.

이러한 문제는 노인 자살, 노인 범죄 증가의 원인이 되기 때문에 시급하게 해결해야 한다.
└─ 주장하기(18쪽)

고령화 사회의 문제를 해결하기 위해서는 문제를 바라보는 시각부터 전환해야 한다. 일부 사람들은 고령화의 문제
└─ 해결방안 제시하기(19쪽)   └─ 반론하기(24쪽)

가 개인이나 가정이 해결해야 할 문제라고 주장한다. 그러나 개인이나 가정의 힘으로 해결하기 어렵다는 점에서 사회적 문제로 인식해야 한다고 본다. 즉, '노인을 어떻게 부양해야 하는가'의 문제보다는 '사회가 노인의 경제력 유지를 위
└─ 설명 덧붙이기(9쪽)   └─ 주장하기(18쪽)

해 무엇을 해야 하는가'의 문제를 중심으로 논의해야 한다는 것이다. 실제로 일본에서는 정부가 노인의 경제활동을 지
└─ 근거 제시하기(사례)(23쪽)

원하는 데에 앞장서고 있다. 정년을 연장하고, 노인들의 재취업을 위한 다양한 교육 기회를 제공하며, 고령자 취업 센터와 사이트도 적극 운영하고 있다. 이외에도 노인 고용 장려금 지급, 연금제도 개선, 의료비 확보 등 다양한 방면에서의 노력이 필요하다.
└─ 주장하기(18쪽)

고령화의 문제는 더 이상 개인의, 한 가정의 문제가 아니다. 우리 사회가 공통적으로 당면한 문제인 만큼 개인이 아닌 사회 문제로 인식하여야 한다. 우리 사회가 국가적 차원에서 지속적으로 제도를 확립하고 보완해 간다면 고령화 사회의
└─ 주장하기(18쪽)

문제를 효과적으로 해결할 수 있을 것이다.
└─ 전망하기(27쪽)

<table>
<tr><td>UN</td><td>차지하다</td><td>진입하다</td><td>머지않다</td><td>진행되다</td><td>감소</td><td>부양</td></tr>
<tr><td>평균</td><td>상실하다</td><td>꺼리다</td><td>은퇴</td><td>시기</td><td>이르다</td><td>자살</td></tr>
<tr><td>원인</td><td>논의하다</td><td>앞장서다</td><td>정년</td><td>공통적</td><td></td><td></td></tr>
</table>

✔️ 윗글을 읽고 다음 질문의 답을 찾아보자.

1. UN이 규정한 고령화 사회란 무엇입니까?

2. 한국이 다른 나라에 비해 노인 문제가 심각한 이유는 무엇입니까?

3. 고령화 사회의 문제를 해결하기 위해서는 어떻게 해야 합니까?

4. 고령화 사회의 문제를 해결하기 위해서 일본에서는 어떤 노력을 하고 있습니까?

다음 표를 사용하여 글의 내용을 정리해 보자.

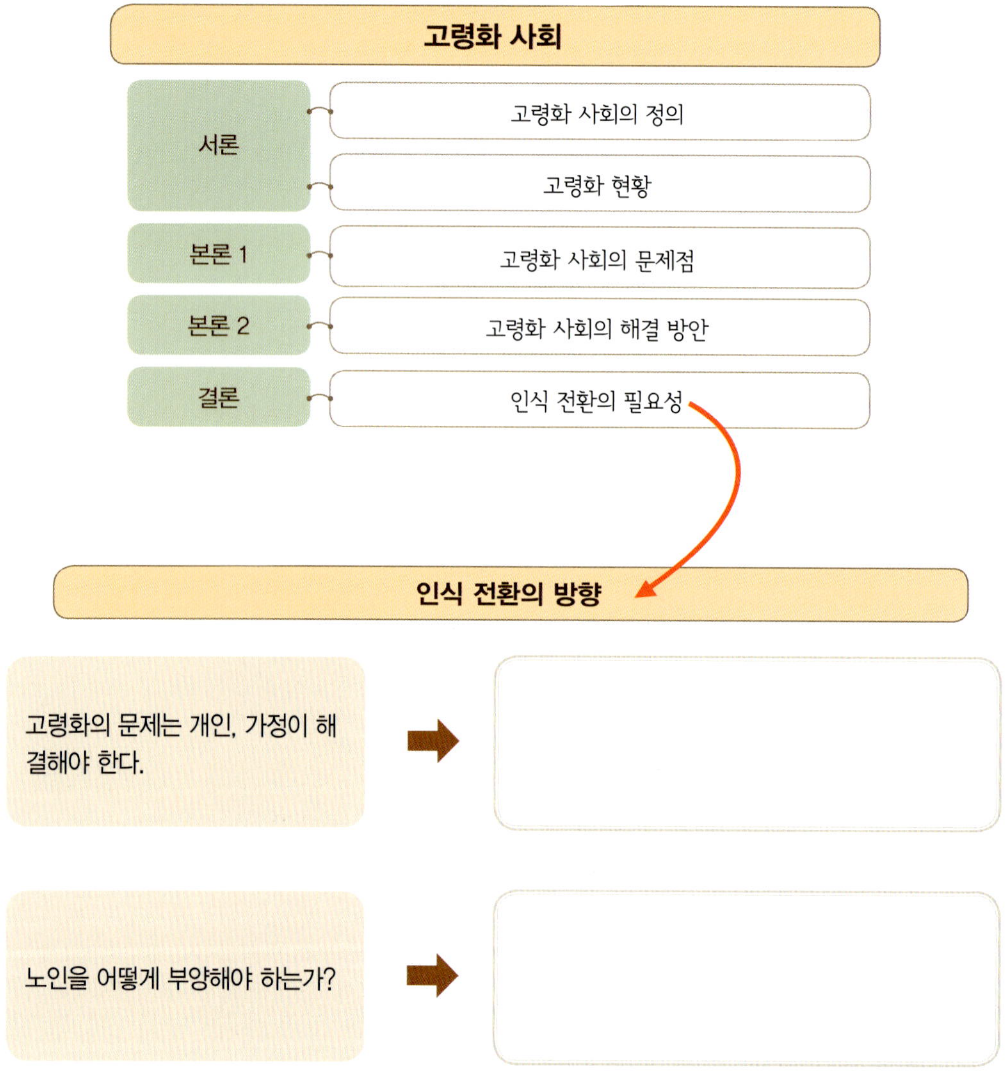
고령화 사회

서론
고령화 사회의 정의
고령화 현황

본론 1
고령화 사회의 문제점

본론 2
고령화 사회의 해결 방안

결론
인식 전환의 필요성

인식 전환의 방향

고령화의 문제는 개인, 가정이 해결해야 한다.

노인을 어떻게 부양해야 하는가?

✔ 빈칸에 알맞은 표현을 써 보자.

고령화 사회의 문제를 **해결하다**　　　　　　　　　　문제를 바라보는 시각부터 전환하다
　　　└ 해결 방안 제시하기(19쪽)

　　　　　　　　　　　　　　.　　　　　　　　　　　　　　고령화의 문제가 개인이
　　　└┘　└ 반론하기(24쪽)

나 가정이 해결해야 할 문제　　　　　　　　　　　.　　　　　　　　개인이나
　　　　　　　　　　┴　　　　　　　┴

가정의 힘으로 해결하기 **어렵다**　　　　　　　사회적 문제로 **인식해야 하다**
　　　　　　　　┴

　　　　　　　　　　.　　　　　, '노인을 어떻게 부양해야 하는가'의 문제보다는 '사
　　　└┘　└ 설명 덧붙이기(9쪽)

회가 노인의 경제력 유지를 위해 무엇을 해야 하는가'의 문제를 중심으로 **논의해야 하다**
　　　　　　　　　　　　　　　└ 주장하기(18쪽)

　　　　　　　　　.　　　　　　일본에서는 정부가 노인의 경제활동을 지원하는
　　　└┘　└ 근거 제시하기(사례)(23쪽)

데에 앞장서고 있다.

✔ 빈칸에 알맞은 내용을 써 보자.

고령화의 문제는 더 이상 개인의, 한 가정의 문제가 아니다.

　　　　　　　　　　　　　어야 한다.

　　　　　　는다면 고령화 사회의 문제를 효과적으로 해결할 수 있을 것이다.

✅ '노인의 경제활동'이라는 제목의 글을 쓰기 위해 필요한 내용을 써 보자.

노인의 경제활동

서론
- 고령화의 원인과 현황
- 고령화 사회의 대처 방안: 노인의 경제활동

본론 1
- 노인의 경제활동 현황
- 경제활동의 다양화 필요성 - 단순노무직, 농림축산업에 한정

통계에 따르면 _________________________________는 것으로 나타났다. 하지만 _________________________________는 실정이다. 이는 _________________________________

_________________________________는다는 것을 의미한다.

본론 2
- _________________________________

결론
- _________________________________

노인의 경제활동

빈부 격차

✓ 다음을 보고 이야기해 보자.

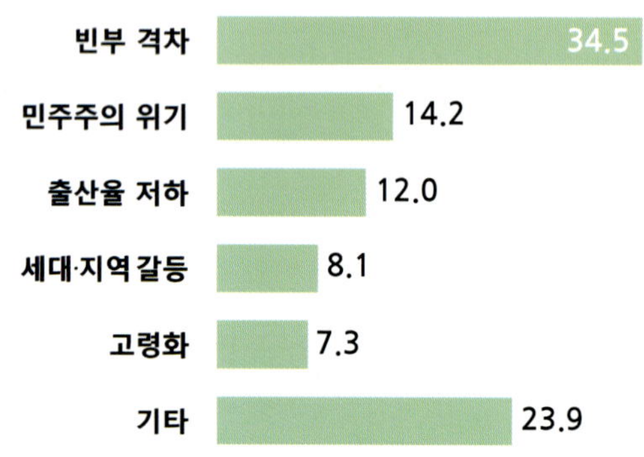

(○○대학교 미래대학리포트 2015, 대학생 1만 명 대상)

1. 이 그래프가 의미하는 것은 무엇입니까?

2. 여러분 나라의 빈부 격차는 얼마나 심각하다고 생각합니까?

3. 빈부 격차로 생길 수 있는 문제에는 어떤 것이 있습니까?

✔ 다음을 보고 빈부 격차의 해결 방안에 대해서 이야기해 보자.

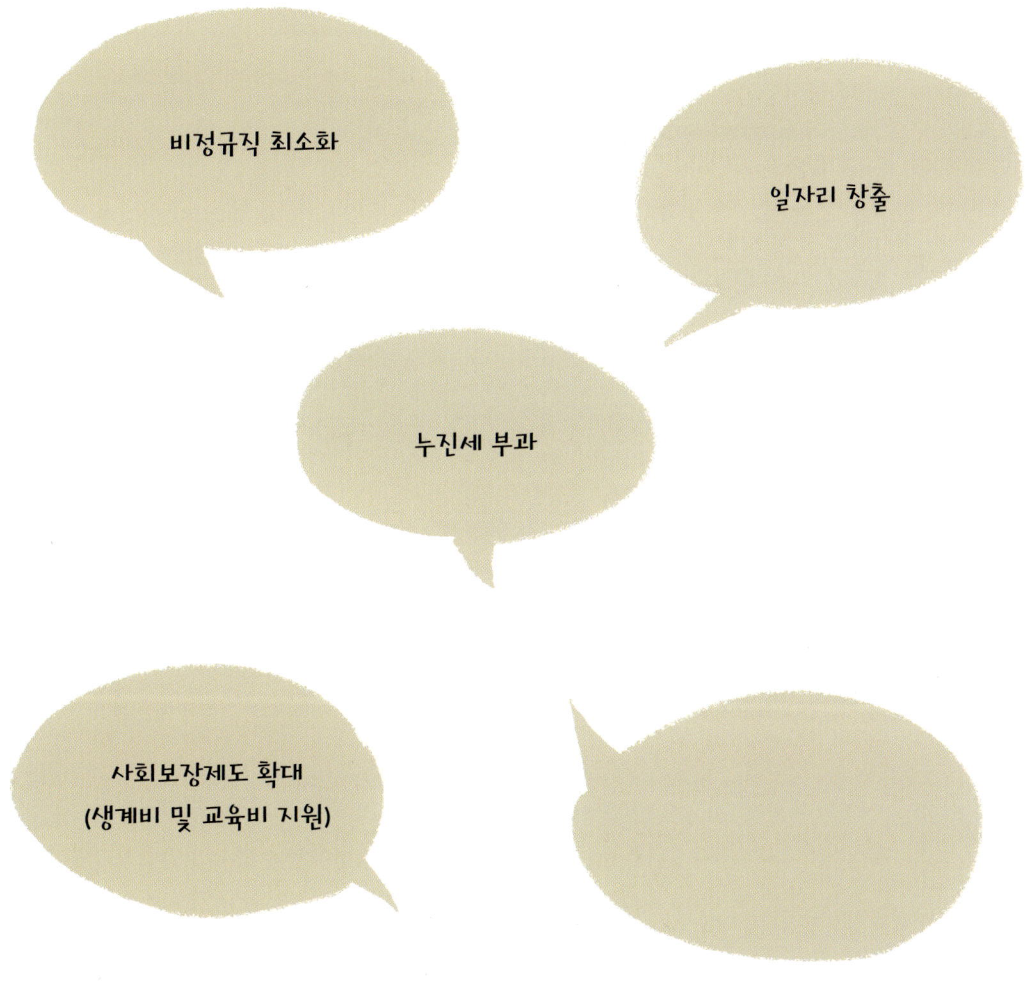

빈부 격차

지니계수는 경제적 양극화 정도를 보여 주는 지표로 2014년 한국의 지니계수는 0.302에 이른다고 한다. 지니계수가
└ 인용하여 현황 제시하기(12쪽)

0.4를 넘으면 빈부 격차로 인한 사회적 갈등이 생길 수 있다고 보므로 한국의 빈부 격차는 결코 작지 않은 수준이라고

할 수 있다. 그러나 이보다 더 심각한 문제는 빈부 격차에 대한 사람들의 인식이다. 2014년 7월 국가미래연구원의 발표
└ 문제점 지적하기(16쪽)

에 따르면 한국의 경제적 부의 분배가 공정하지 않다고 대답한 20~40대 응답자가 91.3%에 달하는 것으로 나타났다.
└ 인용하여 현황 제시하기(12쪽)

이 통계는 한국 사회의 빈부 격차가 심각한 수준에 이르렀다고 느끼는 사람이 많다는 것을 잘 보여 준다.
└ 통계 자료 해석하기(22쪽)

빈부 격차의 가장 큰 문제는 사회적 불안정이다. 빈부 격차가 커질수록 빈부 격차를 낳는 사회적 구조에 불만을 가지
└ 문제점 지적하기(16쪽)

게 되고 이것이 심각한 사회적 갈등으로 이어질 수 있다. 빈부 격차로 인한 또 다른 문제점은 빈부 격차가 경제 성장의 걸
└ 문제점 지적하기(16쪽)

림돌이 될 수 있다는 것이다. 세계적인 신용평가사 스탠더드 앤드 푸어스(S & P, Standard and Poors)에 의하면 점점 심
└ 근거 제시하기(전문가의

각해지는 빈부 격차가 세계 경제의 회복을 방해하고 있다고 한다. 가난한 사람들이 더욱 가난해지면 서민층의 경제적 위 견해)(21쪽)

기감이 커지고 소비가 줄어 경기 회복에 부정적인 영향을 미치는 것이다.
└ 문제점 지적하기(16쪽)+설명 덧붙이기(9쪽)

금융 시장이 고도로 발달한 현재의 세계 경제체제에서는 투자한 금액이 클수록 더 많은 이윤을 얻게 되므로 빈부 격차

가 심화된다. 금융 소득으로 인한 빈부 격차를 해결하는 방안으로는 소득누진세를 들 수 있다. 토마 피케티는 '21세기의 자
└ 해결 방안 제시하기(19쪽)   └ 근거 제시하기(전문가의
                                                                     견해)(21쪽)
본'에서 50만 달러 이상 고소득자에게 세율 80%의 누진세를 부과해야 한다고 주장했다. 그렇지 않으면 자본이 소수에게

집중되는 문제를 해결할 수 없다는 것이다. 누진세 부과로 늘어난 재원을 사회복지에 더 투자함으로써 부의 재분배를 이
└ 해결 방안 제시하기(19쪽)

루어야 한다. 그렇게 되면 빈부 격차가 줄어들 뿐만 아니라 경제 성장에도 도움이 될 수 있다. 누진세 부과에 반대하는 이
└ 반론하기(24쪽)

들은 막대한 세금 납부로 경제활동의 의욕이 꺾일 수 있다고 주장한다. 물론 당장의 소득이 준다면 이것이 경제활동에 영

향을 미칠 수도 있다. 그러나 세금이 복지 혜택으로 개인에게 환원될 수 있다는 점에서 누진세 부과를 반대할 수는 없다.

전 세계적으로 빈부 격차에 대한 우려가 커지고 있으며 한국도 마찬가지 상황이다. 앞으로 빈부 격차가 더욱 심각해진

다면 사회적 갈등이 늘어나고 경제 성장도 어려워질 것이다. 따라서 빈부 격차를 줄이기 위해서 소득 누진세를 더욱 엄격하
└ 전망하기(27쪽)

게 적용하고 누진세율을 점차 높여가야 할 것이다.
└ 주장하기(글 마칠 때)(18쪽)

지니계수   양극화   지표   수준   불안정   불만   이어지다

걸림돌   신용평가사   스탠더드 앤드 푸어스   방해하다   금융   고도

금액   토마 피케티   자본   세율   집중되다   납부   의욕이 꺾이다

환원되다

✔ 윗글을 읽고 다음 질문의 답을 찾아보자.

1. 지니계수로 볼 때 한국의 빈부 격차는 어느 정도라고 볼 수 있습니까?

2. 빈부 격차의 문제점은 무엇입니까?

3. 빈부 격차를 해결할 수 있는 방법은 무엇입니까?

✔ 다음 표를 사용해 글의 내용을 정리해 보자.

빈부 격차

서론	• 빈부 격차의 심각성
본론 1	• 빈부 격차의 문제점 1 • 빈부 격차의 문제점 2
본론 2	• 빈부 격차를 줄이는 방법
결론	• 소득누진세의 엄격한 적용

✔ 빈칸에 알맞은 표현을 써 보자.

금융 시장이 고도로 발달한 현재의 세계 경제체제에서는 투자한 금액이 클수록 더 많은 이윤을 얻게 되므로 빈부 격차가 심화된다. 금융 소득으로 인한 빈부 격차

└ 해결 방안 제시하기(19쪽)

소득누진세 . 토마 피케티 '21세기의 자본'에서 50

└ 근거 제시하기(전문가의 견해)(21쪽)

만 달러 이상 고소득자에게 세율 80%의 누진세를 부과해야 한다

. 그렇지 않으면 자본이 소수에게 집중되는 문제를 해결할 수 없다는 것이다. 누진세 부과로 늘어난

재원을 사회복지에 더 투자하다 부의 재분배를 이

└ 해결 방안 제시하기(19쪽)

루다 . 그렇게 되면 빈부 격차가 줄어들 뿐만

아니라 경제 성장에도 도움이 될 수 있다.

✔ 빈칸에 알맞은 내용을 써 보자.

빈부 격차의 가장 큰 문제는 사회적 불안정이다. 빈부 격차가 커질수록 빈부 격차를 낳는 사회적 구조에

불만을 가지게 되고 이것이 심각한 사회적 갈등으로 이어질 수 있다. 빈부 격차로 인한 또 다른 문제점은

는다는 것이다.

는다고 한다.

는 것이다.

✔ '빈부 격차를 줄이는 방법'이라는 제목의 글을 쓰기 위해 필요한 내용을 써 보자.

빈부 격차를 줄이는 방법

서론	
본론 1	• 빈부 격차의 해결 방안 1 : 사회 안전망의 확립
본론 2	
결론	

'빈부 격차를 줄이는 방법'이라는 제목의 글을 쓰기 위해 필요한 내용을 써 보자.

빈부 격차를 줄이는 방법

Ⅱ. 읽고 쓰기 – 비평하는 글

광고 〈알바천국〉

✔ 다음을 보고 이야기해 보자.

1. 광고 속 인물은 어떤 사람들입니까?

2. 이들이 원하는 일자리는 어떤 것입니까?

 다음을 보고 이야기해 보자.

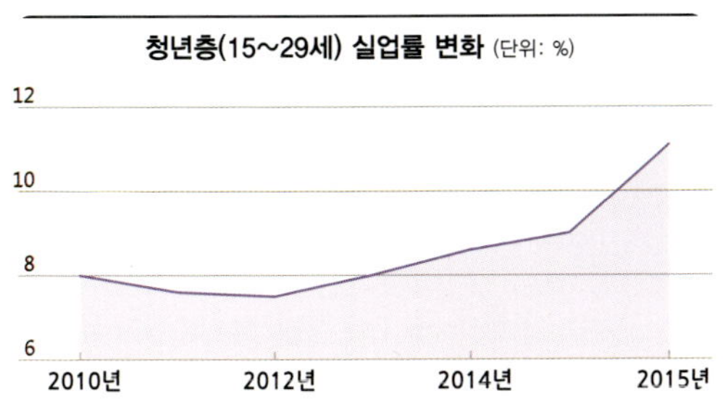

> **1.** 청년층의 실업률은 어떻게 변화하고 있습니까? 그 원인은 무엇이라고 생각합니까?

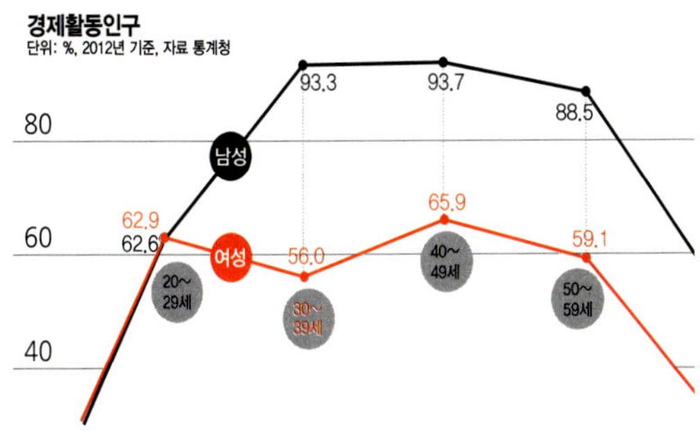

> **2.** 여성과 남성의 취업률이 가장 크게 차이를 보이는 구간은 어디입니까? 그 원인은 무엇이라고 생각합니까?

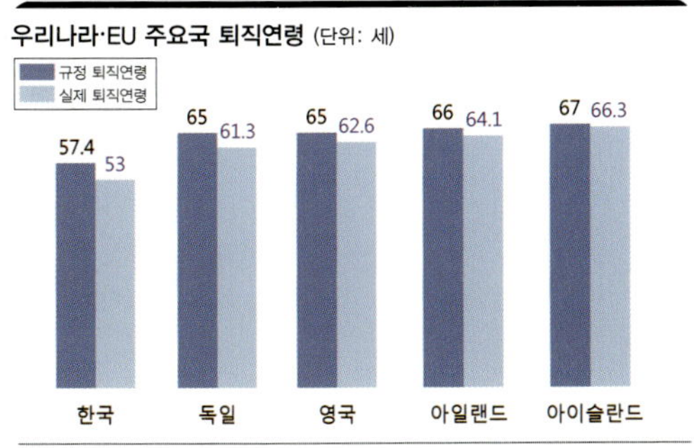

> **3.** 한국의 퇴직 연령은 몇 세입니까? 규정 연령과 실제 연령이 차이가 나는 이유는 무엇이라고 생각합니까?

당신이 찾는 것은 직장이 아닌 '알바'?
- <알바천국>

'알바천국' 광고는 '누구든 원하는 일자리를 쉽게 얻을 수 있다'고 말한다. 광고에는 대학생, 취업 준비생, 주부, 은퇴자가 차례로 등장하는데 모두 일자리를 찾고 있다. 그들에게 광고 모델은 당당한 모습으로 '30만 개 일자리 중 당신 자리 하나 없겠습니까?'라고 자신 있게 이야기한다. 광고만 보면 누구든지 일할 마음만 가지고 있다면 지금이라도 당장 원하는 일자리를 구할 수 있을 것처럼 느껴진다.

그러나 광고에서는 '알바천국'이 소개하는 일자리가 어떤 것인지는 말하지 않는다. 광고에 등장하는 30세의 취업 준비생은 안정적인 일자리를, 50세의 은퇴자는 경력을 인정받을 수 있는 일자리를 원한다. 광고는 이와 같은 구직자를 등장시킴으로써 '알바천국'에 알바 자리만 있는 것은 아니라는 점을 보여 주고 싶었는지 모른다. 그러나 취업 준비생이 높은 임금과 정년이 보장되는 직장을 얻고, 은퇴자가 자신이 평생 쌓아 온 능력과 경험을 마음껏 펼칠 수 있는 직장을 구한다는 것은 절대 쉬운 일이 아니다. 그들이 '알바천국'에서 찾을 수 있는 것은 단기간의, 시간제 임금을 받는 일자리뿐일 것이다.

지금의 한국 경제 구조는 30세의 취업 준비생과 50세의 은퇴자에게 꿈의 직장을 보장해 주지 못한다. 고도로 발달한 산업 구조는 과거와 같이 많은 노동력을 필요로 하지 않기 때문이다. 대부분의 기업은 필요한 인력을, 필요한 기간만큼만 고용하고 싶어 한다. 이런 경제 구조 속에서 평범한 취업 준비생과 은퇴자가 안정적이고 인간적인 일자리를 갖기란 정말 어려운 일이다. 취업 준비생과 은퇴자가 '알바천국'에서 직장이 아니라 알바를 찾아야만 하는 것이 우리 사회의 현실이다.

천국	일자리	취업	등장하다	당당하다	당장	안정적
경력	구직자	마음껏	펼치다	단기간	시간제	인력
평범하다	현실					

✔ 다음 표를 사용해 글의 내용을 정리해 보자.

당신이 찾는 것은 직장이 아닌 알바? – 〈알바천국〉

서론

- 광고의 표면적인 메시지

광고는 '누구든 원하는 일자리를 쉽게 얻을 수 있다'고 말한다.

본론

- 광고의 메시지에 대한 나의 생각

취업 준비생이 높은 임금과 정년이 보장되는 직장을 얻고 은퇴자가 자신이 평생 쌓아 온 능력과 경험을 마음껏 펼칠 수 있는 직장을 구한다는 것은 절대 쉬운 일이 아니다.

결론

- 메시지가 반영하는 우리 사회의 현실

취업 준비생과 은퇴자가 '알바천국'에서 직장이 아니라 알바를 찾아야만 하는 것이 우리 사회의 현실이다.

✔ 광고 비평을 쓰기 위해 필요한 내용을 써 보자.

제목:______________________________

서론

• 광고의 표면적인 메시지

본론

• 광고의 메시지에 대한 나의 생각

결론

• 메시지가 반영하는 우리 사회의 현실

영화 〈노예 12년〉

✓ 노예 제도에 대한 등장인물의 생각이 어떻게 다른지 이야기해 보자.

✔ 다음을 보고 이야기해 보자.

넬슨 만델라는 대학 시절, 흑인 친구가 백인에게 인종차별을 당하는 모습을 보고 문제의식을 갖게 되었다. 그 후, 변호사가 되어 본격적으로 흑인 인권 운동에 참여하였다. 만델라는 흑인과 백인의 거주지를 강제로 분리하는 정책에 반대하고, 흑인 인권의 보장을 주장한 '자유헌장'을 발표하는 데에 동참하였다. 이후 정부군에 맞서는 군대를 조직하여 활동했다는 이유로 감옥에서 27년을 복역했다.

나렌드라 자다브는 신분제도의 최하위층에 속하는 집안에서 태어났다. 이 신분의 사람들은 다른 계급의 사람과 음식을 같이 먹지도 못하고, 우물도 함께 사용할 수 없다. 주로 분뇨를 치우거나 시체를 처리하는 일을 한다. 게다가 이 직업은 대를 이어 계속된다. 하지만 나렌드라 자다브는 신이 아니라 자신의 의지로 운명을 바꿀 수 있다는 믿음으로 열심히 노력한 결과 대학의 총장의 자리에까지 올랐다.

1. 두 사람은 무엇을 위해 노력했습니까? 여러분이 이러한 상황에 있다면 어떻게 하겠습니까?

2. 불합리한 제도에 맞서 싸운 다른 사람을 찾아서 이야기해 봅시다.

'생존'을 넘어서 '삶'을 되찾으려는 노력
- <노예 12년>

<노예 12년>은 '생존'을 넘어서 '삶'을 되찾으려는 한 인간에 대한 영화이다. 자유인이었던 솔로몬은 어느 날 갑자기 인신매매로 노예가 되어 팔려가게 된다. 그때 살아남기 위해서는 자신을 숨겨야 한다는 충고를 듣게 된다. 솔로몬이 자유인이었던 것도, 글을 읽을 줄 아는 것도 숨겨야만 노예로서라도 살아남을 수 있기 때문이다. 하지만 솔로몬은 '단지 살아남고 싶은 것이 아니라 삶을 살아가고 싶다(I don't wanna survive, I wanna live.)'고 이야기한다. 솔로몬이 생각하는 '생존'은 단지 목숨을 유지하는 것에 불과한 반면에 '삶'은 인간으로서의 자유와 권리를 누리는 것이었다.

생존이 아닌 삶에 대한 열정과 의지를 가진 솔로몬이었지만 노예 생활은 그에게 생존만을 허락한다. 살아남기 위해 그는 글을 못 읽는 척하고, 시키는 대로만 일을 했다. 심지어 같은 노예에게 채찍질을 해야 했고, 도망치던 노예가 처형당하는 순간을 외면할 수밖에 없었다. 생존이 전제되어야 삶도 가능하기에 어쩔 수 없이 그 상황을 받아들여야만 했던 것이다. 그렇지만 그가 주어진 삶의 조건에 굴복하기만 한 것은 아니다. 솔로몬은 자유인으로서의 삶을 기억하고 있었기 때문에 작지만 의미 있는 행동을 계속한다. 예전의 경험을 살려 보다 효율적인 목재 운반 방법을 선보이기도 하고, 열등감 때문에 자신을 괴롭히는 백인 감독관에게 저항을 하는가 하면, 주인에게 학대당하는 다른 노예를 지켜주려고도 한다. 또한 자유인으로서의 삶을 되찾기 위한 시도를 계속한 끝에 결국 성공하게 된다.

인간이라면 누구나 생존이 아닌 삶을 꿈꾼다. 그러나 때로는 자신의 바람이나 의지와는 상관없이 생존이 전부인 상황에 처하게 될 수 있다. 그러한 상황에서 어떤 사람은 생존만을 생각하고, 또 다른 사람은 생존을 넘어 진정한 삶을 찾기 위해 노력한다. 영화 <노예 12년>은 자신이 처한 상황에 굴복하지 않고 삶을 되찾으려는 한 인간의 끈질긴 노력을 잘 보여 준다.

생존	되찾다	노예	인신매매	팔려가다	살아남다	숨기다
충고	누리다	열정	허락하다	채찍질	도망치다	처형당하다
순간	외면하다	전제되다	주어지다	조건	굴복하다	효율적
목재	운반	선보이다	괴롭히다	저항	학대당하다	지켜주다
바람	진정하다	끈질기다				

✔ 다음 표를 사용해 글의 내용을 정리해 보자.

'생존'을 넘어서 '삶'을 되찾으려는 노력 – 〈노예 12년〉

서론

- 영화에 대한 한 줄 평

〈노예 12년〉은 '생존'을 넘어서 '삶'을 되찾으려는 한 인간에 대한 영화이다. 솔로몬이 생각한 생존은 단지 목숨을 유지하는 것에 불과한 반면에 삶이란 인간으로서의 자유와 권리를 누리는 것이었다.

본론

- 한 줄 평에 대한 이유

생존이 아닌 삶에 대한 열정과 의지를 가진 솔로몬이었지만 노예 생활은 그에게 생존만을 허락한다. 그렇지만 그가 주어진 삶의 조건에 굴복하기만 한 것은 아니다.

결론

- 영화가 전하고자 하는 메시지

영화 〈노예 12년〉은 자신이 처한 상황에 굴복하지 않고 삶을 되찾으려는 한 인간의 끈질긴 노력을 잘 보여 준다.

✔ 영화평을 쓰기 위해 필요한 내용을 써 보자.

제목:________________________________

서론

• 영화에 대한 한 줄 평

본론

• 한 줄 평에 대한 이유

결론

• 영화가 전하고자 하는 메시지

책 〈외투〉

✓ 다음을 보고 이야기해 보자.

1. 주인공은 어떤 사람입니까?

2. 주인공에게 외투는 어떤 의미입니까?

✔ 다음을 보고 이야기해 보자.

관료제는 복잡한 일을 작은 단위로 나누어서 각각의 구성원이 하나의 절차를 전문적으로 담당하게 한다. 조직의 구성원은 문서로 정해진 규칙과 절차에 따라 업무를 파악하고 과업을 수행하게 된다. 그래서 자신의 업무 밖의 일을 알아야 할 필요성을 느끼지 못한다. 그리고 조직은 맡은 일의 중요도에 따라 지위가 나누어져 있어서 일을 진행할 때 위에서 내려오는 명령에 따라야 한다.

<가> 정해진 규칙과 절차에 따라서 자신이 맡은 일만 수행하다 보니 새로운 업무나 창의성이 필요한 업무는 수행하지 못하게 된다.

<나> 관료제 사회에서는 절차와 서열을 중요시하므로 그 절차를 지켜야 한다. 그렇지 않을 경우, 일을 처리하기 힘들다.

<다> 업무가 단순화되어 있고 정해진 처리 규칙과 절차가 있기 때문에 그 업무를 맡은 사람을 언제든지 다른 사람으로 대체할 수 있다.

1. 관료제란 무엇입니까?

2. <가>~<다>는 관료제의 문제점입니다. 이를 잘 보여 주는 내용을 책에서 찾아봅시다.

3. 관료제에 대한 자신의 생각을 말해 봅시다.

관료제에 희생당하는 소시민
- 『외투』

작가 니콜라이 고골리는 러시아 근대 문학의 개척자로서 비판적 리얼리즘의 전통을 확립하였다. 그는 고등학교를 졸업한 뒤 잠시 관리로서 일한 경험을 바탕으로 1836년에 관료사회의 악을 폭로한 《검찰관》을 발표했다. 이후에도 《죽은 혼》과 《외투》 등을 통해서 현실 사회의 문제점을 고발했다.

이 소설은 고골리의 문학 세계를 대표하는 작품으로 부조리한 관료제에 희생당한 말단 관리의 비극을 생생하게 그리고 있다. 추운 러시아에서 외투는 생존의 필수품이지만 주인공의 월급은 새 외투를 마련하기에는 크게 부족했다. 촛불도 켜지 못하는 궁핍한 생활 끝에 마련한 외투를 빼앗긴 주인공은 도움을 받기 위해 고위 관료들을 찾아간다. 그러나 관료들은 만나기도 어려웠을 뿐만 아니라 겨우 만나게 돼도 듣는 체만 할 뿐 어떤 도움도 주려고 하지 않았다. 심지어 주인공이 절차를 지키지 않았다는 이유로 외면하고 모욕을 줬다. 이에 주인공은 상실감을 이기지 못하고 결국 죽음을 맞는다. 이 소설은 절차를 핑계로 책임을 회피해 버리는 관료들과 그 체제를 비판하고 있다.

관료제에서는 계급이 정해져 있고, 계급마다 할 일이 정해져 있다. 또한 일을 할 때의 원칙과 절차 등이 문서화되어 있다. 따라서 정해진 일만 하면 되고 그 이상의 것은 알 필요도 없다. 이 때문에 사람들은 기계적이고 무비판적으로 체제에 순응하게 된다. 융통성이 없고 맹목적으로 자신이 맡은 서류 작업에만 몰두하는 주인공의 모습이 그 전형적인 예이다. 주인공은 성실성과 능력을 인정받아 보고서를 제안하는 일을 맡게 되는데 그 일을 감당하지 못한다. 익숙한 일만 고집하고 새로운 일에 도전하지 않는 것이다.

이 작품은 소시민이 비인간적인 관료제 때문에 죽음에 이르게 되는 비극을 이야기하고 있다. 지금 우리의 삶도 이와 별로 다를 것이 없다. 현실에 안주하고 책임을 회피하게 하는 관료제의 병폐는 지금까지 이어지고 있다.

관료제	소시민	외투	작가	근대	문학	개척자
리얼리즘	관리	악	폭로하다	고발하다	부조리하다	말단
비극	생생하다	궁핍하다	고위	절차	모욕	회피하다
계급	원칙	문서화	순응하다	융통성	제안하다	감당하다
도전하다	안주하다	병폐				

✔ 다음 표를 사용해 글의 내용을 정리해 보자.

관료제에 희생당하는 소시민 – 『외투』

서론	• 작가 및 시대 배경 작가 니콜라이 고골리는 러시아 근대 문학의 개척자로서 비판적 리얼리즘의 전통을 확립하였다.
본론 1	• 글에서 전하고자 하는 메시지 1 이 소설은 고골리의 문학세계를 대표하는 작품으로 부조리한 관료제에 희생당한 말단 관리의 비극을 생생하게 그리고 있다.
본론 2	• 글에서 전하고자 하는 메시지 2 관료제에서는 사람들이 정해진 일만 하면 되고 그 이상의 것은 알 필요도 없다. 이 때문에 사람들은 기계적이고 무비판적으로 체제에 순응하게 된다.
결론	• 글의 메시지에 대한 나의 생각 현실에 안주하고 책임을 회피하게 하는 관료제의 병폐는 지금까지 이어지고 있다.

☑ 책 비평을 쓰기 위해 필요한 내용을 써 보자.

제목:______________________________

서론

• 작가 및 시대 배경

본론

• 글에서 전하고자 하는 메시지

결론

• 글의 메시지에 대한 나의 생각

설명하는 글

1 인간의 언어와 동물의 '언어' ▶▶ 33쪽

1. 꿀벌이 동료에게 꽃의 위치를 알려 주기 위해 추는 춤, 돌고래가 자기가 본 것을 다른 돌고래에게 전달하는 소리 신호, 먹이의 위치를 알려 주기 위해 내뿜는 불개미의 화학 물질 등

2. ① 인간의 언어는 동물의 의사소통 수단과 달리 시간이 지남에 따라 변한다.
   ② 인간은 동물과는 달리 소리뿐 아니라 문자를 사용하여 생각을 전달한다.
   ③ 인간의 언어는 더 작은 단위로 나뉠 수 있고, 이런 작은 단위가 결합되어 더 큰 체계를 이루기 때문에 무한한 단어와 문장을 만들어 낼 수 있다. 반면에 동물의 언어는 그렇지 않다.

2 집단주의와 개인주의 ▶▶ 41쪽

1. 집단주의는 개인보다는 가족이나 학교, 국가와 같은 집단에 더 큰 가치를 두는 것이고, 개인주의는 집단보다 개인을 우선시하는 것이다.

2. **장점** 집단의 이익을 우선시하므로 집단의 목표를 설정하고 실행하는 데 있어 추진력을 가질 수 있다. 한국이 단기간에 경제성장을 이룬 것이 그 대표적인 예이다.
   단점 집단의 목표와 충돌하는 개인의 자유나 이익의 제한을 당연하게 생각한다. 한국 경제의 발전 과정에서 한국의 농촌 사회와 노동자 집단의 구성원들은 일방적인 희생을 강요당하게 되었다.

3. **장점** ① 창의성과 다양성을 추구하기에 용이하다.
   ② 집단의 목표를 위해 개인이나 소수 집단의 희생을 강요하지 않는다.
   단점 개개인이 원하는 것이 서로 다르므로 집단의 목표를 달성하는 데에는 어려움이 많을 수 있다.

3 디지털 치매 ▶▶ 49쪽

1. 디지털 기기에 지나치게 의존하여 기억력과 계산 능력, 더 나아가 전반적인 사고 능력이 떨어지는 것.

2. ① 가족이나 가까운 친구의 전화번호를 기억하지 못한다.
   ② 쉬운 계산도 스스로 하지 못하고 계산기의 힘을 빌린다.
   ③ 과도한 스트레스에 노출될 수 있으며 심한 건망증, 공황 장애, 심지어 조기 치매에까지 이를 위험이 있다.

3. 한국정보화진흥원의 2014년 인터넷 중독 실태 조사에 따르면 약 15%에 이르는 한국인이 인터넷 중독에 해당한다고 한다.

4 장르 융합 예술 ▶▶ 57쪽

1. 전통 예술과 현대 예술, 동서양의 예술 장르, 예술 장르와 과학 기술의 만남이 있다.

2. 기존의 경계를 허물고 문화 예술에 대한 대중의 접근성을 높인다.

3. ① 대중문화의 아이콘을 예술의 소재로 삼은 팝아트
   ② 과학 기술을 새로운 표현 수단으로 확보한 미디어 아트

5 공정무역 ▶▶ 65쪽

1. 초국적 기업의 노동 착취, 아동 노동의 문제점을 개선하려는 데서 시작되었다.

2. '세계공정무역기구'를 중심으로 73개국 450여 개의 무역 단체가 생산자와 무역 단체, 소비자 모두를 위한 대안적인 무역 체제를 추진해 가고 있다.

3. 초국적 기업을 배제하고 대안적인 무역 단체를 설립하여 상품에 대한 정당한 임금을 지불하기 때문이다.

4. ① 공정무역에서는 유통 과정을 최소화하려고 노력하기 때문에 인체에 유해한 성분이 포함되지 않은 안전한 식품을 공급받을 수 있다.
   ② 공정여행은 여행자가 관광지의 상품과 서비스를 단순히 소비하는 데서 벗어나 현지인과 더불어 그들의 삶의 터전에서 현지의 문화를 체험할 수 있게 해

준다.

6 📋 문화를 바라보는 관점　　▶▶ 73쪽

1. 문화 상대주의
2. 자문화 중심주의
3. ① 특정한 문화를 아무런 비판 없이 수용하여 자신의
　　문화 정체성을 잃을 우려가 있다.
　　② 전통 문화가 왜곡되고 전승되지 못한다.
4. 헬레니즘 문화는 그리스 문화와 오리엔탈 문화가 서로
　　의 장점을 인정하고 받아들여 만들어졌다.

7 📋 자유무역협정　　▶▶ 81쪽

1. 국가 간의 무역 장벽을 낮추어 보다 자유롭게 경제적
　　교류를 하기 위해 맺는 협약.
2. 소비자들이 예전보다 질 높은 상품과 서비스를 이용할
　　수 있게 된다.
3. ① 상대국에 비교 우위가 없는 상품은 경쟁에서 밀릴
　　위험이 있다.
　　② 무역 강대국이나 다국적 기업이 이익을 독점하기
　　때문에 경제 불균형이 더욱 심해질 것이다.

8 📋 소셜 네트워크 서비스(SNS)　　▶▶ 89쪽

1. 소셜 네트워크 서비스(Social Network Service)
2. ① 시간과 장소의 제약 없이 실시간으로 소통이 가능
　　하다.
　　② SNS를 통해서 정보와 지식을 빠르게 수집할 수 있
　　다.
　　③ 다양한 의견과 경험 등을 자유롭게 공유하는 공간
　　이므로 여론을 형성하는 데에도 매우 효과적이다.
3. ① 이용자들이 자료를 공유하다 보면 원치 않게 사생
　　활이 침해되거나 개인정보가 유출될 우려가 있다.
　　② 정확하게 사실로 확인되지 않은 정보가 무분별하게
　　확산될 가능성도 있다.
　　③ SNS를 통해 간단하고 신속하게 정보를 습득할 수
　　있다 보니 문제 해결 능력과 판단력이 떨어지는 문
　　제가 나타난다.

★ 주장하는 글

1 📋 사형제　　▶▶ 99쪽

1. 사형제가 인간의 기본적인 권리인 생명권을 위협한다
　　는 인식이 전 세계적으로 자리 잡아가고 있다는 것을
　　의미한다.
2. ① 다른 사람을 죽인 사람의 인권을 보장할 필요가 없
　　다.
　　② 살인과 같은 흉악한 범죄를 예방하기 위해서 사형
　　제가 필요하다.
3. ① 생명권은 인간의 기본적인 권리이기 때문에 누구에
　　게나 보장되어야 한다는 점에서 사형을 집행해서는
　　안 된다.
　　② 실제로 사형제를 유지하고 있는 지역의 범죄율이
　　낮은 것은 아니므로 사형제가 범죄 예방의 역할을
　　할 수는 없다.
4. 교화(자신의 죄를 반성하게 하여 올바른 길로 이끄는
　　것)

2 📋 존엄사　　▶▶ 107쪽

1. 회복 불가능한 환자의 치료를 중단하는 것.
2. ① 존엄사는 인간의 생명권을 뺏는 행위이다.
　　② 인간의 생명을 유지하는 데 있어서 무의미한 치료
　　는 없다.
　　③ 환자와 가족이 치료비의 부담 때문에 연명 치료의
　　중단을 요구할 수도 있다.
3. ① 인간의 생명을 유지하는 것 자체보다는 어떻게 살
　　아가느냐 하는 것이 더 중요하다.
　　② 자신의 생명을 유지하기 위한 치료 방법을 결정할
　　권리는 환자와 가족에게 있다.
　　③ 경제적 부담을 줄이면서 치료 방법을 선택할 권리
　　도 보장해야 한다.

모범 답안

3 스마트폰 중독　▶▶ 115쪽

1. '2014년 인터넷 · 스마트폰 중독 실태 조사' 대상자 가운데 14.2%가 스마트폰 중독위험군이었다.
2. ① 운전 중이나 보행 중에 사고가 생긴다.
   ② 일이나 학업에 지장을 받는 경우가 있다.
   ③ 가족 및 주변인과의 소통에 어려움을 겪는다.
   ④ 거북목 증후군, 수면 장애 등의 증상이 나타난다.
   ⑤ 스트레스, 우울 및 불안이 심해진다.
3. ① 개인은 스마트폰을 사용하는 시간과 공간을 제한한다. 가족 및 주변 사람들과 소통함으로써 스마트폰에 의존하는 습관을 버린다.
   ② 기업은 기술적인 지원을 하고 정부는 제도적 장치를 마련한다.

4 소수에 대한 차별　▶▶ 123쪽

1. 여성, 장애인, 이민자, 동성애자와 같이 지배 집단과는 다른 성, 신체적 특성, 성적 지향성을 가진 집단.
2. 사회적 소수의 인권을 침해할 뿐만 아니라 사회 전체의 발전에도 부정적인 영향을 끼친다.
3. 다수 집단의 복지 확대에 기여할 수 있다.
4. 인류의 문화를 더욱 다양하고 풍부하게 할 수 있다.

5 과학 기술의 양면성　▶▶ 131쪽

1. ① 질병을 줄이고 수명을 연장했다.
   ② 유전자 변형 식품의 개발로 식량 문제를 해결할 수 있게 되었다.
   ③ 원자력 기술을 이용해 적은 원료로 대량의 에너지를 생산하기에 이르렀다.
2. 자연 생태계를 교란하고 인체에도 심각한 영향을 미칠 수 있다.
3. ① 새로운 과학 기술의 안정성이 충분히 확인되지 않은 상황에서는 기술의 개발과 사용을 엄격히 제한하고 규제해야 한다.
   ② 소비자에게 기술의 사용 여부와 위험성을 명확하게 알려야 한다.
   ③ 관리를 엄격하게 해야 할 뿐만 아니라 사용 중단도 검토할 필요가 있다.

6 CCTV 설치　▶▶ 139쪽

1. 절도나 자동차 파괴 행위 등의 범죄를 줄이고, 범죄자를 잡는 데에도 도움이 된다.
2. ① 개인의 사생활을 침해할 수 있다.
   ② 개인 정보가 유출되어 범죄에 악용될 수 있다.
3. ① CCTV 설치 확대를 자제해야 한다.
   ② CCTV를 꼭 설치해야 하는 경우에는 설치 규정을 엄격하게 적용해야 한다.

7 지구 온난화　▶▶ 147쪽

1. 지구의 표면 온도가 상승하는 현상.
2. 화석 연료를 사용하는 과정에서 발생하는 이산화탄소와 메탄 등의 기체가 지구 온도의 균형을 깨뜨려 온난화가 일어나게 됐다.
3. ① 해수면 상승으로 인해 섬나라와 해안 도시가 잠길 위험이 있다.
   ② 동식물들이 멸종 위기에 처해 있다.
4. ① 이산화탄소의 배출량을 줄여야 한다.
   ② 신재생 에너지 개발에 힘써야 한다.

8 고령화 사회　▶▶ 155쪽

1. 65세 이상 노인 인구 비율이 전체 인구의 7% 이상 14% 미만인 사회.
2. 은퇴 시기가 이르고 노인이 일할 자리가 없으며, 노인들을 위한 복지제도가 마련되어 있지 않다.
3. ① 고령화 사회의 문제를 사회적인 문제로 인식해야 한다.
   ② 사회가 노인의 경제력 유지를 위해 무엇을 해야 하는가의 문제를 중심으로 논의해야 한다.
4. 정부가 노인의 경제활동을 지원하는 데에 앞장서고 있다(정년 연장, 재취업을 위한 다양한 교육 기회 제공, 고령자 취업 센터와 사이트의 운영).

▶▶ 163쪽

9 빈부 격차

1. 2014년 한국의 지니계수는 0.302인데 지니계수가 0.4를 넘으면 빈부 격차로 인한 사회적 갈등이 생길 수 있다고 보므로 한국의 빈부 격차는 결코 작지 않은 수준이라고 할 수 있다.

2. ① 사회적 불안정을 가져올 수 있다.
   ② 경제 성장의 걸림돌이 될 수 있다.

3. 소득 누진세를 더욱 엄격하게 적용하고 누진세율을 점차 높여가야 한다.

읽고 쓰기 · 설명하는 글

▶▶ 68쪽

공정여행

결론	✔ 앞으로의 전망 : 공정여행의 확대 ✔ 공정여행의 의의 강조 앞으로 ＿＿＿＿＿＿＿＿＿＿＿＿을 것이다. 이에 따라 ＿＿＿＿＿＿＿＿＿＿＿을 것으로 기대된다.

▶▶ 76쪽

문화 상대주의

서론	✔ 국가 간, 문화 간 교류 현황 ✔ 문화 상대주의적 입장의 필요성 국가 간, 문화 간 교류가 급속히 증가하고 있다. 이에 따라 다른 문화를 접할 기회가 늘고 있으며 문화 차이로 인한 갈등도 심해질 우려가 있다. 따라서 ＿＿＿＿＿＿＿＿＿＿＿ ＿＿＿＿＿＿＿＿＿＿＿＿＿＿＿＿＿ ＿＿＿＿＿＿＿＿＿＿＿＿＿＿＿.

▶▶ 84쪽

자유무역협정의 문제점

본론 2	✔ 자유무역협정의 문제점 2 : 경제 불균형의 심화 그뿐만 아니라 자유무역협정을 체결하면 ＿＿＿＿＿＿＿＿＿＿＿＿＿는 문제가 나타난다. 만약 ＿＿＿＿＿＿는다면 ＿＿＿＿＿＿을 것이다. 전문가들은 ＿＿＿＿＿＿＿＿＿＿는다고 지적한다. 따라서 ＿＿＿＿＿＿＿＿＿＿＿＿＿어야 한다.

결론	✔ 자유무역협정 전망 ✔ 대책 마련의 필요성 많은 나라들이 ＿＿＿＿＿＿고 있다. 현재 상황으로 볼 때 자유무역협정은 ＿＿＿＿＿＿＿을 전망이다. 그러나 자유무역협정으로 인해 ＿＿＿＿＿＿＿＿＿＿＿＿는 문제가 나타난다. 따라서 ＿＿＿＿＿＿＿＿＿＿＿＿＿＿＿＿어야 한다.

▶▶ 92쪽

SNS가 가져온 우리 생활의 변화

서론	✔ SNS의 정의와 예 ✔ SNS의 사용 현황 SNS란 ＿＿＿＿＿＿＿＿＿＿＿＿＿을/를 의미한다. ＿＿＿＿＿＿이/가 그 대표적인 예이다. ＿＿＿＿＿＿에 의하면 ＿＿＿＿＿＿＿는다고 한다. 이렇게 SNS 사용 인구가 늘면서 우리 생활에 많은 변화가 생겼다.
본론 1	✔ 인간관계 형성의 변화 SNS가 가져온 변화 중의 하나는 ＿＿＿＿＿는다는 것이다. 예전에 사람들은 학교나 직장 등을 중심으로 제한된 인간관계를 맺어왔다. 그러나 SNS가 발달함에 따라 ＿＿＿＿＿＿＿＿＿게 되었다. 시간과 공간의 제약 없이 인간관계를 형성할 수 있다는 것이다.
본론 2	✔ 소통 방식의 변화로 인한 문제점 SNS가 가져온 또 다른 변화는 ＿＿＿＿＿＿는다는 것이다. 즉, 직접적으로 얼굴을 마주보고 하는 대화가 줄어든 것이다. 이로 인해 SNS를 사용하지 않거나 익숙하지 않은 사람과 ＿＿＿＿＿＿＿＿＿는 문제점이 나타났다.

	✔ 앞으로의 전망 ✔ 이용자의 책임
결론	앞으로 SNS는 ___________________을 전망이다. 따라서 __________________ _____________________________을 필요가 있다.

읽고 쓰기　주장하는 글

과학 기술과 윤리

	✔ 과학 기술의 위험성 경고 ✔ 연구 윤리의 필요성 강조
결론	과학 기술은 ___________________는 한편, 인간의 생명과 환경에 _____________ _____. 따라서 과학 기술의 윤리적인 문제를 예 방하고 해결하기 위해서는 _________________ _______________________________.

정보화 사회와 개인 정보 보호

	✔ 개인 정보 활용의 문제점 ✔ 개인 정보를 보호하기 위한 노력
본론 2	그러나 공익을 위해서 개인 정보를 이용해야 하는 경우 _______________는다는 문제점이 있다. __________________는 것이 대표적인 예이다. 이러한 경우에도 _________________ _______________어야 한다. 이를 위해 _____________________을 필요가 있다.

탄소세 도입의 필요성

본론 1	✔ 지구 온난화 문제의 심각성 　├ 전문가의 견해 　├ 통계 자료 　└ 사례
	전문가들은 _________________는다고 지적한다. _________________에 따르 면 ______________는다고 한다. 실제로 _____________________________.
결론	✔ 지구 온난화에 대한 전망 ✔ 탄소세 도입의 필요성 강조
	지구 온난화의 문제를 해결하지 못하면 _______ ___________을 것이다. 따라서 _________ _____________________________.

노인의 경제활동

서론	✔ 고령화의 원인과 현황 ✔ 고령화 사회의 대처 방안: 노인의 경제활동
	현대 사회는 의학이 발달하고 생활수준이 높아 짐에 따라 ________________게 되었다. ________에 의하면 ______________는 다고 한다. 고령화 사회의 문제를 해결하기 위해 서는 ______________________________ ___________________을 필요가 있다.
본론 2	✔ 노인 경제활동의 의의
	노인 경제활동 의의는 단순히 소득을 얻는 것 에 그치는 것이 아니다. _______________ ___________는다는 점에서 의의가 있다. 따라서 노인의 삶의 질을 개선하기 위해서는 _____________________________.

결론	✔ 고령화 사회의 전망 ✔ 노인 경제활동의 개선 필요성 앞으로 ＿＿＿＿＿＿＿＿＿＿을 전망 이다. 따라서 ＿＿＿＿＿＿＿＿＿＿을 필요가 있다.

▶▶ 166쪽

빈부 격차를 줄이는 방법

서론	✔ 빈부 격차의 현황 ✔ 빈부 격차 해소의 필요성 신문 기사에 따르면 ＿＿＿＿＿＿＿＿＿는 다고 한다. 이는 ＿＿＿＿＿＿＿＿＿ ＿＿＿＿＿＿＿는다는 것을 잘 보여 준다. 만 약 빈부 격차를 해결하지 않는다면 ＿＿＿＿ ＿＿＿＿＿＿＿＿＿＿＿＿을 것이다.
본론 1	✔ 빈부 격차의 해결 방안 1: 사회 안전망 　의 확립 전문가들은 ＿＿＿＿＿＿＿＿＿＿는 다고 주장한다. 실제로 ＿＿＿＿＿＿＿ ＿＿＿＿＿＿＿＿＿＿＿＿＿＿＿.
본론 2	✔ 빈부 격차의 해결 방안 2: 세금 제도의 개선 사회 안전망을 확립하기 위해서는 ＿＿＿＿ ＿＿＿＿＿＿＿ 어야 한다. 이에 필요한 재원 을 마련하려면 ＿＿＿＿＿＿＿＿＿을 필요가 있다.
결론	✔ 앞으로의 전망 ✔ 빈부 격차 해소의 필요성 강조 현재 상황으로 미루어 볼 때 ＿＿＿＿＿을 전망이다. 따라서 빈부격차를 해소하기 위해 서 ＿＿＿＿＿＿＿＿＿＿＿＿＿.

유학생을 위한 A+ 글쓰기

초판발행	2016년 2월 25일
초판 3쇄	2021년 3월 15일
저자	이순정, 전윤배, 정미진
책임 편집	권이준, 양승주
펴낸이	엄태상
콘텐츠 제작	김선웅, 김현이
마케팅	이승욱, 전한나, 왕성석, 노원준, 조인선, 조성민
경영지원	마정인, 조성근, 최성훈, 정다운, 김다미, 오희연
물류	정종진, 윤덕현, 양희은, 신승진
펴낸곳	한글파크
주소	서울시 종로구 자하문로 300 시사빌딩
주문 및 교재 문의	1588-1582
팩스	0502-989-9592
홈페이지	www.sisabooks.com
이메일	book_etc@sisadream.com
등록일자	2000년 8월 17일
등록번호	제1-2718호
ISBN	978-89-5518-841-7 13710